Maren Schneider

Nepal. Dem Himmel so nah.

Trekking im Everest-Gebiet

Bibliografische
Information der Deutschen Nationalbibliothek
Die Deutsche Nationalbibliothek verzeichnet diese Publikation
in der Deutschen Nationalbibliografie;
detaillierte bibliografische Daten sind im Internet über
http://dnb.d-nb.de abrufbar.

Fotos, Satz und Umschlaggestaltung:
Maren Schneider

Herstellung und Verlag:
Books on Demand GmbH, Norderstedt

1. Auflage 2007

ISBN-13: 9783837002133

Trotz sorgfältiger Recherche und Prüfung kann keine Gewähr für die Richtigkeit und Vollständigkeit der in diesem Buch gegebenen Informationen sowie keine Haftung für eventuell eintretende Schäden übernommen werden.

Alle medizinischen Informationen sind nach bestem Wissen und Gewissen recherchiert und beruhen zusätzlich auf eigenen Erfahrungen. Diese Informationen ersetzen jedoch nicht die Konsultation eines Arztes.

Lassen Sie sich grundsätzlich vor einer Reise nach Nepal durch eine tropenmedizinische Beratungsstelle/ einen Tropenmediziner/Reisemediziner beraten und informieren Sie sich vor Antritt der Reise rechtzeitig über die aktuellen Einreisebestimmungen und Landesinformationen beim Auswärtigen Amt.
www.auswaertiges-amt.de

Die Route

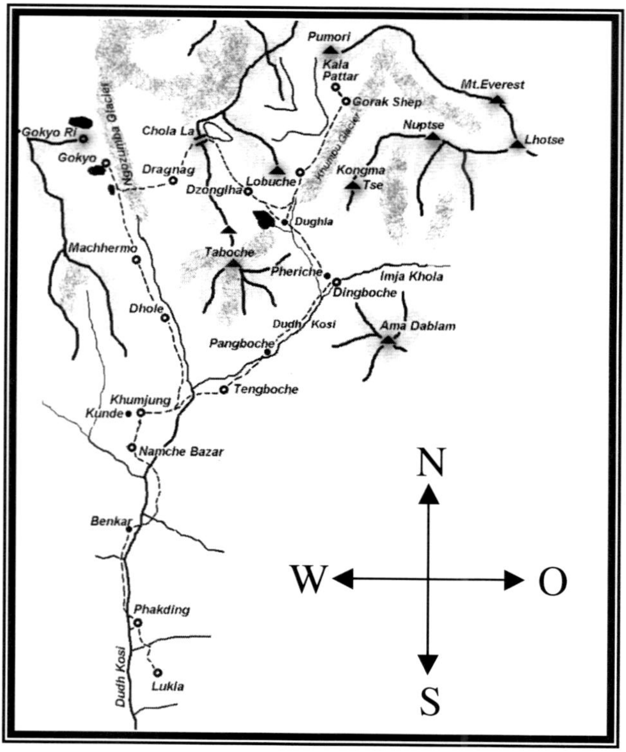
Pumori
Kala Pattar
Gorak Shep
Mt.Everest
Nuptse
Lhotse
Kongma Tse
Khumbu Glacier
Gokyo Ri
Gokyo
Ngozumba Glacier
Chola La
Dragnag
Dzonglha
Lobuche
Dughla
Taboche
Machhermo
Pheriche
Dingboche
Imja Khola
Dhole
Dudh Kosi
Ama Dablam
Pangboche
Tengboche
Khumjung
Kunde
Namche Bazar
Benkar
Phakding
Lukla
Dudh Kosi
N
W
O
S

Maren Schneider, geb. 1971,
bereiste die Himalaya-Regionen Nepal und Ladakh.
Als Praktizierende des tibetischen Buddhismus ist sie mit der tibetisch-buddhistischen Kultur vertraut und ist ehrenamtliche Mitarbeiterin des Kailash e.V., einem Verein zur Förderung von Bildungs- und Selbsthilfeprojekten im Himalaya.
Sie lebt und arbeitet als Coach in Düsseldorf.

Inhaltsverzeichnis

Kathmandu Impression

Kühe kauen sich durch die Abfallhaufen, der Smog nimmt mir den Atem. Das ständige Hupen, das Donnern der Lkws, das Röhren und Knattern der Mopeds und das eindringliche Klingeln und Tröten der Rikscha-Fahrer betäubt meine Ohren. Der Staub der Straße wird aufgewirbelt zu gelben Wolken. Neben großen bunten Lastwagen, Bussen, Autos und Motorradfahrern bevölkern Fahrräder, Fußgänger und kleine Kinder die Straße. Alles verschmilzt zu einem Potpourri der bunten Farben, kräftiges Rot vermischt mit Orange, Violett in Kombination mit Grün. Die wunderbaren Farben der Saris, anmutig getragen auf brauner Haut. Armreifen klirren und funkeln im Sonnenlicht.

Ist das Licht des Tages erloschen, wird der Verkehrslärm abgelöst durch Hundegebell, das in regelmäßigen Abständen für einen Moment verstummt, um sich kurz darauf mit gewohnter Heftigkeit wieder fortzusetzen.

Meine Sinne sind berauscht. Lasse mich treiben durch die Stadt. Kathmandu beginnt Geschichten zu erzählen. Geschichten der Gegensätze, von Hoffnung und Furcht, Mittelalter und Neuzeit, tief religiösem Leben und kapitalistischem Streben.

Kathmandu – Fest der Sinne

Ankunft in Kathmandu

Die Motoren der Boing kamen zum Stillstand. Wir hatten unsere Parkposition erreicht und die Anschnallzeichen über meinem Sitz erloschen. Ich war wieder in Nepal! Endlich, nach gut einem Jahr Vorfreude und einem halben Jahr Vorbereitungszeit, sollte mein Traum in Erfüllung gehen.

Ich stieg die Treppenstufen zum Rollfeld hinunter. Der Duft nach Kerosin, Diesel und Gewürzen stieg mir in die Nase, der unverwechselbare Duft Kathmandus. Ein Duft voller Verheißung und Abenteuer. Dort hinter dem Dunst der Stadt konnte ich schon die ersten Ausläufer der Bergketten des Himalayas erkennen. Die Sonne stach, obwohl es noch recht früh am Morgen war – gerade mal halb elf. Wir hatten eine halbe Stunde Verspätung. Die Dunstglocke hatte sich erst ein wenig vom Tal heben müssen, damit wir Landeerlaubnis bekamen.

Geduldig reihte ich mich in die Schlange an der Paßkontrolle ein und betrat danach die Vorhalle des Flughafens. Touristen, Abenteurer und Träger drängelten durcheinander. Am Gepäckband griff ich mir schnell meinen Rucksack, schnallte ihn mir auf den Rücken und drängte mich durch die Menschen, um meinen Fahrer zu suchen, der mich zum Hotel bringen sollte. Kaum trat ich hinaus in die Morgensonne, umgab mich sofort eine wild gestikulierenden Menschentraube von lächelnden Nepalis, die mir alle ein Taxi anboten oder mir Namen von „verry good hotels" nannten, in die sie mich schleppen wollten. Freundlich aber bestimmt ablehnend bahnte ich mir meinen Weg durch sie hindurch und fand was ich suchte. Dort stand ein schmächtiger Mann mit einem Schild in der Hand mit dem Logo meiner Trekking-Agentur. Er brachte mich zu einem klapprig aussehenden Kleinbus, aus dem geschäftig ein Manager der Trekking-Agentur heraussprang. Freundlich begrüßten wir uns mit dem für Nepalis so unüblichen Händeschütteln. Flink nahm er mir mein Gepäck ab und verstaute es auf den hinteren Sitzen des Busses.

Unser Kleinbus bog auf die Ringstraße und fädelte sich vorsichtig und laut hupend in den Linksverkehr ein. Dieselgestank nahm uns den Atem und doch genoß ich es, denn ich war wieder da, hier in Kathmandu, zurück in Nepal. Ich sog alles in mir auf. Die Menschen auf der Straße, die Kühe, das Hupen der Autos und Lastwagen, den Staub und den Dreck. Alles, was mich auf meiner ersten Reise so abgeschreckt hatte, erschien mir nun so wundervoll und kostbar, dass ich nichts versäumen wollte, von all den Eindrücken, die sich mir boten. Denn genau das alles ergab eines: Kathmandu.

Wir fuhren in den Innenhof unseres Hotels. Sattes Grün umgab uns, Vögel zwitscherten und Wasser plätscherte aus einem Gartenschlauch. Ganz entfernt hörte man noch den Lärm der Hauptstraße. Ich schleppte mein Gepäck in die Vorhalle des Hotels und ließ es dort erst einmal liegen. Freundlich kam eine europäisch aussehende Frau mittleren Alters, in einem kostbaren Sari gekleidet, auf mich zu. Sie war Belgierin und führte nach Ihrer Heirat mit einem Sherpa dieses Hotel. Nach einem Willkommens-Tee und einem kleinen Schwätzchen übergab sie mir meinen Zimmerschlüssel. Ich packte mir meinen Rucksack auf den Rücken und erklomm die Stufen bis in den dritten Stock.

Mein Zimmer lag am Gang zum Innenhof hin. Ich schloß es auf und ließ die Tür aufschwingen. Dämmriges Licht fiel auf den grauen Linoleum-Boden und auf die blassrosa gestrichenen Wände. Ich zog die im siebziger Jahre Design gemusterten Vorhänge auf und öffnete das Fenster. Geräusche drangen herein. Dieselben Geräusche wie vor einem Jahr. Selbst das Tschilpen und Schimpfen der Spatzen in den Bäumen schien noch von den Selben zu stammen.

Ich ließ meinen Rucksack auf's Bett fallen, kramte mein Waschzeug heraus, ein frisches T-Shirt und ging ins Bad. Es roch nach würziger, scharfer Seife. Aus Neugier lugte ich durch das kleine Badezimmerfenster und mein Blick fiel auf die Dächer der Stadt: Wäscheleinen, Stahlstreben aus noch nicht fertig gebauten Häusern, riesigen schwarze Dachkanistern für Wasser, Frauen in Saris, die auf den Dächern ihrer Hausarbeit nachgingen, und über allem der Smog verhangene, milchig blaue Himmel. Das Wasser aus dem Hahn glitt angenehm kühl über meine Haut und erfrischte. Ich zog mich wieder an und eilte die Treppen hinunter, um ein paar Häuserblocks weiter zu meiner Trekkingagentur zu laufen, die Reiseformalitäten für meine Tour zu erledigen.

Vor dem Hotel stand ein blonder junger Mann in kurzen Hosen. Sein Haar war so kurz geschnitten, dass man seine rosa Kopfhaut sehen konnte. So lernte ich Denis, meinen zukünftigen Reisegefährten kennen. Er war Südafrikaner, wie er mir erklärte, lebte allerdings schon seit zwei Jahren in London. Auch er war gerade auf dem Weg in die Trekking-Agentur und wir gingen zusammen.

Nachdem wir alle Formalitäten erledigt hatten, entschlossen wir uns zu einem Stadtbummel. In großen Säcken, einer neben dem anderen, boten Händler Gewürze in allen erdenklichen Farbschattierungen feil. Manches war so scharf, dass alleine das Vorbeigehen ein Kribbeln in der Nase verursachte. Frauen hatten auf grob gewebten Säcken frisches Gemüse ausgebreitet und feilschten mit ihren Kunden um jedes Gramm. Stoffballen in leuchtenden Farben, stapelten sich in kleinen Läden und schrille Hindi-Musik schallte aus einem CD-Shop. Dazwischen wandelten die heiligen Sadhus, spärlich bekleidet, mit langen, filzigen Haaren und geaschtem, ausgemergeltem Körper. Kleine Gruppen von munter vor sich hin plappernden buddhistischen Kindermönchen wuselten in ihren roten Roben und kahl geschorenen Köpfen durch die Menschen und wunderschöne jungen Frauen in leuchtenden Saris, mit einem roten Tikka auf der Stirn, betrachteten die Angebote der Händler, interessiert beobachtet von Händchen haltenden jungen Männern in schwarzen, nietenbesetzten Lederjacken und dunklen Sonnenbrillen. Verstohlen tuschelten Schulmädchen in dunkelblauer Uniform und roten Schleifen an den Zöpfen an einer Ecke und liefen plötzlich laut lachend und quiekend durch die Menschen. Ein Bauer kam uns entgegen und war unter seinem riesigen Ballen Heu auf seinen Rücken kaum zu erkennen.

Als wir müde wurden fanden wir eine Bäckerei. Wir bestellten Tee mit Milch und saßen auf der Dachterrasse. Unten auf der Straße ging das Leben an uns vorüber. Der Lärm nahm ab und ein häßlicher, kleiner, schwarzer Vogel landete neben uns und machte Jagd auf ein paar Krümel. Eine friedliche Stimmung breitete sich aus.

Das Abenteuer beginnt

1. Trekking-Tag
von Lukla nach Phakding

Die Nacht war mehr als kurz gewesen. Es muß so gegen drei Uhr gewesen sein, als mich ein lauter Knall und das beginnende Knattern eines Dieselmotors, begleitet von lauten diskutierenden Stimmen, aus dem Schlaf riß. Es wurde geklopft und gehämmert, der Motor wurde abgestellt und daraufhin wieder angestellt. An Schlaf war in dieser Nacht nicht mehr zu denken. Es war erlösend, als Denis endlich an meine Zimmertür klopfte und es Zeit war aufzustehen.

Ohne Frühstück starteten wir. Wir waren ziemlich verschlafen, es hatte wohl keiner von uns in der Nacht ein Auge zu getan. Ein Bus des Hotels brachte uns zum Flughafen. Im ersten dunstigen Morgenrot, das alles in ein sanftes rosa Licht tauchte, fuhren wir durch die Stadt. Sie erwachte gerade zum Leben. Läden wurden geöffnet, Leute putzen sich ihre Zähne auf der Straße. In portablen Garküchen wurde auf Kerosinkochern Tee zubereitet. Hunde und Kühe liefen von ihren Schlafstellen aufgescheucht herum. Es war noch kühl und die Frauen waren eingehüllt in bunte breite Umhängeschals.

Am Flughafen herrschte Gewühle. Mittlerweile war unsere Reisemannschaft komplett. Pitt und Frauke aus Belgien, Evi und Michael aus Singapur, Denis aus Süd-Afrika und ich. Damit waren wir eine internationale Truppe und unterhielten uns auf Englisch miteinander. Mir fiel Michaels Akzent auf. Er sprach ein grauenvolles Englisch. Wie sich später herausstellte, war er gebürtiger Deutscher und irgendwann einmal vor zehn Jahren in Singapur hängen geblieben, das er nun zu seiner Wahlheimat erkoren hatte. Er sollte noch oft auf dieser Reise die angenehmen fünfundzwanzig bis dreißig Grad aus seinem Land vermissen.

Unser Gepäck von einer Ecke in die nächste schleppend, umgingen wir mit unserem Tour-Manager das größte Gewühle. Unsere Taschen und Rucksäcke wurden gewogen und eingecheckt. Wir bekamen unsere Tickets und wurden durch eine sehr rudimentäre Sicherheitskontrolle geleitet. Nach kurzer Zeit wurde unser Flug aufgerufen. Es herrschte ein unheimliches Gedränge. Wir quetschten uns durch die kleine Tür. Mit einem Bus ging's aufs Rollfeld. Da stand sie schon, unsere kleine Propellermaschine. Sie mußte nur noch betankt werden, dann endlich durften wir einsteigen. Wir quetschten uns auf die kleinen Sitze, mit freiem Blick ins Cockpit. Ein lässig in Nieten-Lederjacke gekleideter Pilot mit dunkler Sonnenbrille machte noch einen kurzen Check, dann rollten wir an, bekamen Starterlaubnis und die Maschine beschleunigte. Wir wurden in die Sitze gepreßt und hoben ab. Unter uns breitete sich das Kathmandu-Tal aus, über dem eine dichte Nebelschicht lag. Im sanften, dunstigen Morgenrot überflogen wir kleine Siedlungen und Höfe, eingebettet in saftig grüne Therassenfelder, die sich an die weich geschwungenen Hügel schmiegten, Gold überzogen im ersten Licht der Sonne. Die Maschine stieg immer höher und nach kurzer Zeit bekamen wir die ersten Schneeberge zu Gesicht. Sie wirkten auf uns so gewaltig in ihren Ausmaßen, als würden wir uns mit dem Flugzeug immer noch auf dem Boden befinden. Dann kam die berühmte Landerampe von Lukla in Sicht. Ein schmaler Schotterstreifen den Berg hinauf, als hätte jemand ein Handtuch zum trocknen ausgelegt. Ein Raunen ging durch die Passagiere. Bis jetzt war sie für uns nur ein Mythos gewesen, offenbarte sie sich uns tatsächlich als sehr steil und sehr kurz. Doch noch bevor wir uns Gedanken machen konnten, setzte der Pilot auch schon zur Landung an. Kaum hatten wir rumpelnd aufgesetzt, fing der Pilot das Flugzeug ab und hatte, geschickt den Schwung ausnutzend, geparkt. Der Staub war noch nicht ganz verzogen, da standen wir auch schon wieder auf festem Boden und sammelten unsere Gepäckstücke zusammen.

Hunderte von Menschen standen auf dem Rollfeld herum, Träger, Trekker, Bodenpersonal und zierliche Stuardessen in Pumps, denen man ihren Unmut über den unebene Untergrund ansah. Alles wartete, redete, organisierte und wuselte durcheinander. Ein schmaler Nepali, in einem himmelblauen Parka und wettergegerbem Gesicht, kam auf uns zu. Es war Pasang, unser Sirdar. Er nahm uns in Empfang und führte uns verwirrte Neulinge sicher um das Rollfeld herum in eine Lodge. Dort bekamen wir erstmal einen heißen Tee.

In Lukla herrschte reger Betrieb. Auf 2800 m gelegen ist es durch den Flughafen mittlerweile zum Nadelöhr geworden, um in das Khumbu-Gebiet zu gelangen. Ursprünglich wurde der Bau des Flughafens 1964 durch Edmund Hillary angeregt und unterstützt, um es den Menschen hier zu erleichtern, Baumaterial und Hilfsgüter in diese entlegene Region zu schaffen. Es war wohl nicht in seinem Sinne, dass sich eine Flut von Trekkern über diesen Weg ins Khumbu ergießt. So ist das heutige Lukla sehr touristisch geprägt. Auf der Dorfhauptstraße bekommt der Trekker nahezu alles, um seine Ausrüstung zu komplettieren oder um seine Genuss-Süchte zu befriedigen. Neben den gängigen Trekking-Artikeln werden auch diverse Schokoriegel, Zigaretten und verschiedenste Sorten Spirituosen angeboten. Coca-Cola darf natürlich auch selbst im Himalaya nicht fehlen. Ich fragte mich, wann hier wohl das erste Mc Donalds eröffnet. Das alles nicht so ganz billig ist, sollte einem schon von selber einleuchten, wenn man bedenkt, wie diese ganzen Dinge hier hoch gekommen sind.

Auf der Dorfhauptstraße und um den Flughafen herum herrschte geschäftiges Treiben. Träger warteten auf eine Möglichkeit angeheuert zu werden. Bekannter Geruch stieg in meine Nase. Geruch von Holzfeuer und ranziger, lange nicht gewaschener Kleidung. Ab hier gibt es keine Autos mehr, nur noch Pferde, Esel, Ziegen und Dzobkyos (eine Kreuzung aus Yak und Rind). Ich flüchtete vor dem Schweigen in der Lodge und nahm mir meinen Tee mit nach draußen, um die Menschen zu beobachten. Morgens ist am meisten los und es beruhigt sich erst gegen Mittag wieder. Ich war erstaunt, dass so viele Menschen den selben Weg laufen wollten wie wir. Denis hatte sich zu mir gesellt und wir machten eine kleine Exkursion durch Lukla, um die Zeit bis zum Mittagessen zu überbrücken. Die Straße war von Häusern gesäumt, ein Trekking-Shop neben dem anderen, aufgelockert durch eine Schreinerei, eine Schlosserei, eine Genossenschaft, eine Kleiderkammer für Träger und eine Reihe von Wohnhäusern. Kleine Kinder spielten auf der Straße.

Nach dem Mittagessen ging es endlich los. Unser Gepäck war schon lange auf Träger verteilt worden und unterwegs nach Phakding, unserer Endstation für heute. Den Beruf des Trägers gab es schon immer in den Bergen. Ist es doch oft die einzige Möglichkeit Waren und Dinge des täglichen Gebrauchs durch dieses unwegsame Gebiet zu transportieren. Mittlerweile hat sich eine Gewerkschaft für Träger entwickelt, die sich für gerechtere Löhne und bessere Arbeitsbedingungen einsetzt.

Nachdem wir Lukla verlassen hatten, umfing uns die Natur der Berge. Grün, wunderbares Grün. Der Weg war recht einfach. Da Lukla höher liegt als unsere angestrebte Schlafstelle, bedeutete es für uns heute erst einmal nur bergab zu laufen. Der Weg schlängelte sich malerisch zwischen Wäldern am Fluß entlang. Es waren sehr viele Menschen unterwegs. Wir überquerten über Holzbrücken kleine Bäche. Überall plätscherte und gluckerte es. Wasser belebte diese Wälder. Zwischendurch machten wir Rast, um zu trinken. Das Khumbu-Gebiet ist durch seine Nähe zu Tibet buddhistisch geprägt. Viele Tibeter haben sich hier schon vor vielen hundert Jahren angesiedelt. Die Tracht der Frau ist die traditionelle Chuba, ein ärmelloses Kleid, das mit einer langärmeligen Bluse und einer bunt gestreiften Schürze kombiniert wird. Der kostbare Schmuck aus Türkisen, Perlen, Silber und Korallen, die auch bei besonderen Anlässen in ihre Haare eingeflochten werden, zeigt den Reichtum der jeweiligen Familie.

Auf unserem Weg kamen wir an, aus vielen Steintafeln aufgeschichteten, Mani-Mauern vorbei. Auf diesen Steintafeln ist das Mantra von Tschenresi, dem Buddha des Mitgefühls, „Om Mani Peme Hung", eingemeißelt. Dieses Mantra findet sich auch auf vielen anderen Objekten wieder. Übersetzt heißt es „Oh Du Juwel im Lotus". Es ist wie ein kurzes Gebet an Tschenresi. Felsbrocken, die mitten auf dem Weg liegen, werden oft mit diesem Mantra verziert. Ein Trampelpfad führt um diese Steine auf der linken Seite herum, denn alle buddhistischen Einrichtungen, wie beispielsweise Fahnen, Gedenkstätten und Mani-Mauern, sollen nach buddhistischem Brauch im Uhrzeigersinn umschritten werden.

Meißelarbeiten drangen an unser Ohr. Als wir um ein paar Felsbrocken herum kamen, konnten wir einem Steinmetz bei der Arbeit sehen, wie er auf einem waghalsig zusammengebauten Holzgerüst das Mantra in einen großen Felsen einmeißelte.

Unser Weg führte uns am Fluß entlang. Je tiefer wir zu ihm abstiegen, umso mehr kühlte er die Luft ab. Über eine Hängebrücke erreichten wir das Dorf Phakding. Wir gingen hindurch bis wir zu unserer Lodge kamen.

Der Fluss hatte die Luft stark abgekühlt und die Sonne war schon lange hinter den Bergen verschwunden. Es war verdammt kalt geworden und ich fragte mich, wie kalt es wohl ganz oben sein würde, wenn ich jetzt schon kaum wußte, wie ich wieder warm werden würde. Jeder fror. Nach unserem Vier-Uhr-Tee machten wir uns alle zusammen auf zu einem Spaziergang, um die Gegend ein bißchen zu erkunden und uns auf zu wärmen. Ein kleiner Trampelpfad führte steil eine Böschung hinauf. Er war sehr schmal. Die anderen kehrten auf halbem Wege um, es wurde ihnen zu rutschig, Geröll fiel die Böschung hinunter. Denis und ich liefen weiter und tauchten ein in eine wunderbare ruhige Natur. Nur das Rauschen des Flusses durchbrach die Stille. Gerüche von Erde, Nadelhölzern und Tieren drangen in meine Nase. Wir stiegen über umgestürzte Bäume, hangelten uns an Felsen entlang und bahnten uns unseren Weg durch wild verwachsenes Gestrüpp. Der Weg schien lange schon nicht mehr benutzt worden zu sein. Wir liefen schneller und schneller, ich kam in eine Art Rausch. Plötzlich klaffte vor uns ein Abgrund. Der Weg war abgerutscht und hatte Bäume und Sträucher mit sich in die Tiefe gerissen. Hier kamen wir nicht weiter. Mittlerweile zog die Dämmerung auf und wir machten, dass wir umkehrten. Schneller noch als auf dem Hinweg, liefen wir den Weg wieder zurück, konzentrierten uns auf jeden einzelnen Schritt. Denis lief so schnell, dass ich ihm kaum folgen konnte. Mein Blut pochte in meinen Ohren. Das Rauschen des Flusses wurde lauter. Mit einem Sprung landeten wir auf der Wiese.

Ich ging hinunter zum Fluss, allein. Er schäumte und milchiggrünes Wasser floß mit einer gewaltigen Kraft über Felsen hinweg. Lange schaute ich in das sich dauernd verändernde Wasser. Da flossen sie, die Vergangenheit, die Gegenwart und die Zukunft. Die Konturen verwischten, alles verschmolz zusammen in den Wellen des Flusses.

Es war dunkel geworden, als ich zum Abendessen ging. Warmes, heimeliges Licht schien aus der Lodge. Ein gusseiserner Ofen in der Mitte des Aufenthaltsraumes verbreitete wohlige Wärme und brachte unsere Wangen und Ohren bald zum glühen.

Auf dem Highway nach Namche

2. Trekking-Tag
von Phakding nach Namche Bazar

Es klopfte. „Good morning!" rief Pasang durch die geschlossene Türe. Der Morgen war da. Es war sieben Uhr in der Früh. Draußen war es schon hell, was man von unserem Zimmer nicht behaupten konnte. Das dämmrige Licht vermittelte eher den Eindruck, es sei erst kurz vor sechs. Denis bewegte sich keinen Millimeter. Ich pellte mich aus meinem Schlafsack, schnappte mir mein Handtuch und Duschgel und belegte das Bad. Als ich wieder zurück ins Zimmer kam, war Denis zumindest schon mal wach und gerade damit beschäftigt aufzustehen. Ich zog mich an und packte meinen Rucksack neu. War eine gute Idee gewesen, die einzelnen Kleidungsgruppen in Plastiktüten zu verpacken. Das beschleunigte den Packvorgang. Nach fünf Minuten war alles inklusive Schlafsack fein säuberlich zusammengepackt und ich schleppte meinen großen Rucksack vor die Tür, damit die Träger schon mal koordinieren konnten. Denis war heute morgen ganz schön langsam. Er hatte kaum geschlafen wie er mir später erzählte. Ich ließ ihn alleine und ging frühstücken. Die Sonne hatte das Tal noch nicht erreicht und es war empfindlich kühl, doch die Gipfel der gegenüberliegenden Berge lagen schon in ihrem goldenen Licht. Nach dem Frühstück schnallten wir uns unsere Rucksäcke auf den Rücken und ein neuer Trekking-Tag begann.

Es war kalt als wir losliefen und der Atem bildete kleine Wölkchen. Unser Weg führte uns durch das erwachende Phakding. Frauen standen draußen und bürsteten sich ihre langen, schwarzen Haare. Trekker machten sich auf den Weg und Träger liefen schon mit ihren Körben im Eilschritt an uns vorbei. Lange gingen wir am Fluß entlang. Die Sonne hatte uns eingeholt und es wurde schnell warm. Nach und nach pellten wir uns aus unseren Fleece-Schichten. Wir kamen an malerischen Wasserfällen vorbei. Fasziniert von dieser Schönheit blieben wir stehen. Unser Weg führte durch kleine schnuckelige Bergdörfer, Blumen blühten und Hühner liefen herum. Das Tal öffnete sich und gab den Blick frei auf die ersten schneebedeckten Berge. Der würzige Duft des Waldes stieg mir in die Nase.

Wir stiegen ab, hinunter zum Fluß und überquerten ihn über eine kleine Hängebrücke aus Stahlseilen. Strahlend weiße, glatt geschliffene Kiesel in allen Größen umgaben uns. Wir gingen einige Zeit durch das erweiterte Bett des Flusses. In der Monsun-Zeit scheint er sich weit durch das ganze Tal auszudehnen. Langsam bekamen wir schon wieder Hunger. Der Duft von Holzfeuer lag in der Luft. Träger saßen in Gruppen zusammen und kochten sich auf Reisigfeuern ihr Essen.

Der Weg stieg auf der anderen Seite des Flußbettes wieder an und führte uns durch einen kleinen, feuchten, schattigen Regenwald. Bambuspflanzen reckten überall ihre Stengel empor. Es war empfindlich kühl ohne Sonne. Der Schatten, die Kühle und der beginnende Hunger ließen die Stimmung sinken. Doch kaum betraten wir das Dorf Monzu, verwöhnte die Sonne uns wieder mit ihrer Wärme. Unser Sherpa führte uns auf die Therasse einer kleinen, schönen Lodge und wir genossen jeder eine große Portion Nudeln mit Yakkäse. Schläfrig und satt streckte ich mich nach dem Essen auf meinem Stuhl in der Sonne aus. Träge schweifte mein Blick über die verschiedenen Grüntöne der Gemüsefelder eingebettet zwischen den Berghängen. Ein Maler hätte es nicht schöner schaffen können. Die anderen erzählten sich Geschichten und ich hörte ihren Stimmen zu, bis ich schließlich einschlief.

Die Pause hatte gut getan und frisch gingen wir weiter. Nach Monzu erreichten wir den Check-Post, der Eingang zum Sagarmatha-National-Park. Unsere Trekking-Permits wurden überprüft und registriert. Pasang kümmerte sich um die Formalitäten. Dann schritten wir durch das Tor. Wir waren drin! Die ersten Tiere die wir unmittelbar nach dem Eingang zu Gesicht bekamen, waren kleine Hühner, die vor uns her liefen. Wir lachten, denn eigentlich hatten wir wilde Tiere erwartet, oder doch zumindest etwas Besonderes und keine kleinen Hühner. Der abschüssige Weg glich einer Rutschbahn, so morastig war er, und wir mussten ziemlich vorsichtig sein, um nicht auf den Hosenboden unten anzukommen. Weiter ging's am Fluss entlang, bis wir an eine riesige Hängebrücke aus Stahlseilen kamen. Die legendäre Hillary-Brücke. Sie hing hoch über der Schlucht und war mit unzähligen bunten Gebetsfahnen und Kataks geschmückt. Als wir hinüber gingen, schwankte sie beträchtlich. Unter uns tobte der Dudh Koshi, der „Milchfluss", wie er genannt wird, da er durch die Kalkrückstände, die er mit sich führt, ganz milchig wird. Träger mit ihren Lastkörben kamen uns auf der Brücke entgegen und wir quetschten uns an ihnen vorbei. Gut, dass die Seiten der Brücke mit Maschendraht gesichert sind. Diese Brücke ist definitiv nichts für Menschen mit Höhenangst. Nachdem wir es alle geschafft hatten, lag nun das wohl schwerste Stück Arbeit an diesem Tag vor uns – die steile Rampe hoch nach Namche Bazar.

Es mussten nun auf diesem Wegstück gut 600 Höhenmeter überwunden werden. Dieses Teilstück wurde schon für so manchen eiligen Trekker zum vorzeitigen Endpunkt seiner Reise. Schnell macht sich der mangelnde Sauerstoff bemerkbar. Es ist wichtig, sich und seinem

Körper die Zeit für die Eingewöhnung an diese Höhen zu geben. Bei kleinen Steigungen merkt man sehr schnell, dass man sich wirklich nicht mehr in den gleichen Verhältnissen bewegt wie auf Meereshöhe. Um sich an das Sauerstoff-Defizit in der Luft anzupassen, bildet der Körper nach und nach mehr rote Blutkörperchen, um ausreichend Sauerstoff in die Zellen transportieren zu können. Ein natürlicher Akklimatisierungsprozess. Doch dieser Vorgang braucht Zeit. Um nicht atemlos da zu stehen, sollte man die Bewegungen so langsam ausführen, dass sie den Organismus nicht belasten und einem nicht den Atem rauben. Langsames, stetig gleichmäßiges Gehen mit kleinen Trinkpausen, sind optimal. Schnell findet man seinen eigenen individuellen Rhythmus. Es ist ganz besonders wichtig von nun an auf seinen Körper zu hören und ihn sensibel aber vernünftig zu beobachten. Die Höhenkrankheit kann ab einer Höhe von 2500 Metern über dem Meeresspiegel auftreten. Wer also schon hier zu schnell aufsteigt, ohne an die Höhe gewöhnt zu sein, riskiert an der Höhenkrankheit, auch AMS (Akute Mountain Sickness) genannt, zu erkranken. Der Schlüssel zum Erfolg liegt in der Langsamkeit.

Der Staub biß uns in der Nase, trocknete uns den Mund aus und brannte in den Augen. Es war ein unglaublicher Verkehr. Karawanen von Dzobkyos, schwer beladen mit Lebensmitteln und Gepäckstücken von Trekkern, kamen uns entgegen oder behinderten den Aufstieg. Staub wirbelte auf. Das Schnalzen und Rufen der Treiber lag in der Luft. Trekker kamen uns entgegen und mindestens ebenso viele gingen mit uns denselben Weg hinauf. Der Weg war sehr steil. Treppenartig wand er sich empor. An besonders engen Stellen bildeten sich Wartestaus. Ebenso, wenn sich eine Dzobkyo-Karawane vorbeizwängte. Schweiß durchnässte unsere T-Shirts. Jeder von uns arbeitete sich konzentriert im gleichmäßig, schlafwandlerischen Tempo nach oben. Wir wurden überholt von Trägern, die trotz ihrer schweren Lasten leichtfüßig und zügig den Weg anstiegen. Es war bewundernswert, wie diese meist schmächtigen Männer und ab und zu sogar Frauen, diese Schwerstarbeit so leicht erledigten. Dann, auf einmal, sahen wir ihn das erste Mal. Schneebedeckt und mit seinem unverkennbaren Profil erschien er durch eine Öffnung in den Bäumen vor uns, jedoch noch sehr weit entfernt – der Mt. Everest. Er wurde zwar noch teilweise verdeckt durch die beiden Nachbarberge Nuptse und Lhotse, doch seine letzten Meter überragten die beiden Berge.

Der Aufstieg war schweißtreibend, doch für unsere Sherpas schien dies eher ein Spaziergang zu sein. Wir machten für ein paar Minuten Rast auf einem Plateau, auf dem Träger für gewöhnlich ihre Lasten auf hüfthohe Steinbänke absetzten, um für ein paar Minuten Pause zu machen. Wir taten es ihnen gleich, setzten unsere Rucksäcke ab, schmierten uns erneut mit Sonnencreme ein und tranken Wasser. Dabei konnten wir ein wunderbares Bergpanorama bewundern. Vor uns lag die tiefe, grün bewaldete Schlucht. Das fast schon schwarze Grün der Berge löste sich im Hintergrund in immer leichtere, pastellige Grüntöne auf.

Es ging weiter. Das Pfeifen und Rufen der Treiber schallte über den Weg. Wir trotteten hinter den Dzobkyos her. Ich konzentrierte mich nur noch auf jeden einzelnen meiner Schritte. Staub wirbelte auf. Ich kniff die Augen zu. Mein Herz klopfte wie bei einem Sprint, doch meine Atmung war ruhig und gleichmäßig. Ich konnte sogar noch durch die Nase atmen. Auf meinen Armen entstand ein klebriges Gemisch aus Staub, Schweiß und Sonnencreme. Das allerletzte Stückchen hoch nach Namche war wieder in Stufen angelegt. Mit unseren letzten Reserven kämpften wir uns hoch und da lag es, hufeisenförmig an den Berg geschmiegt, terrassenförmig in den Hang gebaut - Namche Bazar, auf einer Höhe von 3600 Metern, die größte Stadt und der Marktplatz des gesamten Khumbu Gebietes. Sie gilt als das Zentrum der Sherpa-Region, in dem sich vor gut vierhundertfünfzig Jahren tibetische Siedler, die Vorfahren der Sherpas, aus dem Osten Tibets kommend, niederließen. Seit dieser Zeit unterhalten die Sherpas stets enge wirtschaftliche und kulturelle Beziehungen zu Tibet. Ein wichtiger Teil dieser Kultur ist beispielsweise der tibetische Buddhismus. Mit der Zeit haben sich ihre Sprache und Gebräuche etwas verändert, wobei der Trekking und Expeditions-Tourismus die wohl einschneidendsten und prägendsten Entwicklungen und Veränderungen mit sich brachten.

Unsere Sherpas brachten uns zu unserer Lodge. Sie wurde von einem sehr sympathischen, aufgeschlossenen, rundgesichtigen Sherpa und seiner ebenso netten, wie hübschen Frau geleitet. Wir hatten ihn schon den Abend vorher getroffen und ich hatte zugehört, wie er am Tisch neben uns in fließendem Englisch einer Reisegruppe interessante Gegebenheiten über die Kultur der Sherpas erzählte. Nun waren wir seine Gäste. Er kümmerte sich sehr aufmerksam um das Wohl aller Trekker, die er beherbergte.

Ich war müde vom Aufstieg und rollte mich auf meinem Bett im Schlafsack zusammen. Kurze Zeit später war ich eingeschlafen. Denis weckte mich zum Tee und ich ging hinunter. Der Aufenthaltsraum war angefüllt vom Sprachengewirr der unterschiedlichsten Nationen. Auf den Bänken am Fenster saßen Trekker aus allen möglichen Ländern, lasen, schrieben oder unterhielten sich. Wir tranken unseren Tee und ich hing meinen Gedanken nach.

Die Zeit verstrich und die Sonne verschwand hinter den Bergen, nicht ohne sich durch ein kräftiges Glühen auf den Bergspitzen zu verabschieden. Es war Zeit zum Abendessen. Das Essen wurde serviert und kurze Zeit später war kein Wort mehr von uns zu hören. Jeder hatte Hunger und genoß seine Portion. Nur Evi wollte nicht essen. Sie hatte plötzlich Magenprobleme. Noch während des Essens verabschiedete sie sich, um auf ihr Zimmer zu gehen. Besorgt schauten wir ihr nach. Zum Nachtisch gab es warmen Apfelmomo. Eine Art Teigtasche gefüllt mit Äpfeln, Rosinen und Zimt und erinnerte an Apfelstrudel. Göttlich, es war ein Fest.

Wir saßen noch eine Weile plaudernd beieinander bis sich die Müdigkeit bemerkbar machte. Die Tage in den Bergen sind kurz und der Körper verlangt nach mehr Schlaf. Michael schaute nach Evi, und Pitt und Frauke verabschiedeten sich, um schlafen zu gehen. Ich saß noch eine Weile mit Denis zusammen auf der Bank und schrieb an meinem Tagebuch, dann verabschiedete ich mich auch und ging schlafen. Es war ein anstrengender Tag gewesen. Der Mond stand am Himmel und ließ die Schneegipfel in seinem eigentümlichen Licht erscheinen.

Auf den Spuren des Yeti

3. Trekking-Tag
Von Namche Bazar nach Khumjung

Denis riss seinen Schlafsack auf, sprang aus dem Bett und zog sich an. Ich war überrascht von so viel Hektik am Morgen. Verschlafen drehte ich mich noch mal in meinem Schlafsack herum. Die Nacht war etwas turbulent gewesen. Denis bekam in der Nacht eine Erkältung und geisterte herum. Ich kramte alles was ich hatte aus meiner Reiseapotheke, um ihm zu helfen. Doch er fand in dieser Nacht keinen Schlaf. Kopfschmerzen quälten ihn die ganze Nacht. Und er hatte Sorge, dass es sich um AMS handelte. Ich hörte ihn oft in der Nacht aufstehen, sprach mit ihm, um ihn zu beruhigen, mit dem Ergebnis, dass an diesem Morgen zwei Leute nicht geschlafen hatten. Nur noch fünf Minuten, bitte! Aber es nützte alles nichts. Der Morgen war da und in einer halben Stunde würde es Frühstück geben. Also trennte ich mich schweren Herzens von meinem warmen Schlafsack und zog mich an. Denis war schon beim packen und sehr wortkarg. Es ging ihm gar nicht gut. Ich war im zeitlichen Rückstand und beeilte mich.

Beim Frühstück kam langsam wieder Leben in Denis. Die Kopfschmerztabletten wirkten und er hatte wieder ein wenig Farbe im Gesicht. Evi ging es zum Glück auch wieder gut. Nachdem sie gestern keinen Bissen hinunter bringen konnte, machte sie sich hungrig über das Frühstück her. Pasang kam vorbei, erkundigte sich nach unserem Wohlbefinden und informierte uns über den heutigen Ablauf. Wir würden ca. zweihundert Meter bis zu unserer nächsten Schlafhöhe steigen. Das ist zwar keine riesige Differenz zu unserer jetzigen Höhe und doch können schon wenige hundert Meter sehr dramatische Auswirkungen auf den Organismus haben. Aus dem Grund ist es notwendig genau zu schauen, wie man sich fühlt, bevor man erneut aufsteigt. Wir stimmten diesem Aufstieg alle zu. Auch Denis war sich mittlerweile sicher, dass seine Kopfschmerzen von der Erkältung herrührten und nicht, wie er befürchtet hatte, von der Höhe.

Ich trat hinaus in die Sonne. Der Morgen war klar und die Sonne wärmte. Ich schaute zu, wie unsere Gepäckstücke in die Tragekörbe gepackt wurden und unsere Träger loszogen. Minuten später waren auch wir endlich reisefertig und setzten uns in Bewegung. Unsere erste Station am heutigen Tag war das oberhalb von Namche Bazar gelegene Heimatkunde-Museum. Dieser Besuch lohnt sich in zweierlei Hinsicht: Auf der einen Seite vermittelt einem das Museum einen guten Einblick in die Kultur und die Eigenarten der Bewohner des Khumbu und es streift auch die Geschichte der Bergsteiger, die ja nicht ganz unwesentlich an der Bekanntheit der Region beteiligt waren und es auch immer noch sind. Außerdem kann man, auf einer großen Wiese stehend, einen sehr schönen Blick auf die Ama Dablam und die Südseite des Mt. Everest genießen.

Nach dem Abstecher ins Museum streiften wir noch einmal Namche Bazar, durchquerten eine Weide und stiegen steil den Berg an. Es war ein anstrengender und schweißtreibender Aufstieg. Ein staubiger Weg mit Gesteinsbrocken durchzogen. Wir gingen langsam, Schritt für Schritt in gleichmäßigem Rhythmus. Einige eilige Trekker überholten uns. Zwischendurch machten wir kleine Trinkpausen. Nachdem wir dieses Stück überwunden hatten, erreichten wir eine Art Hochalm. Sanfte, grasbewachsene Hügel bestimmten die Landschaft. Ein Pfad schlängelte sich durch die kurzgeschorene Wiese und eine weiße, bauchige Stupa warf ein wachsames

Auge auf uns. Ein wenig erschöpft machten wir an ihrem Fuße für einen Moment Rast. Die Stille war hörbar. Der Wind strich durch unsere Haare und entfernt hörten wir die Glöckchen der Yaks.

Nach dieser Pause folgten wir dem Pfad über die Wiese bis zu einem strahlend weißen kleinen Tschörten. Er war umgeben von vielen verzierten Mani-Tafeln. Gebetsfahnen flatterten im Wind und Kataks waren in die Bäume gehängt worden. Er bildete den Eingang zu einem Tal, das aus einem chinesischen Märchen entsprungen sein könnte, es fehlte nur der Drache. Gesteinsbrocken lagen überall verstreut, als hätte sie jemand mit einer unheimlichen Kraft durch das Tal geschleudert. Kleine knorrige Zedern wuchsen auf ihnen und um sie herum. Über all dem wachte die Ama Dablam und gewährte uns einen wunderbaren Blick auf ihr schönes, schneebedecktes Profil. Wir stiegen den Weg hinab, den Menschen vor vielen Jahren mal in mühsamer Arbeit aus aufgeschichteten Steinplatten angelegt hatten. Im Tal lag das Dorf Khumjung. Über ihm thront ein Gipfel aus dunklem Granit. 5500 Meter hoch, der Khumbi Yül Lha, benannt nach dem Landesgott des Khumbu. Der Sage nach lebt hinter diesem Gipfel der Yeti. Seit je her erzählen Großeltern ihren Enkeln gerne die Geschichte, dass der Yeti immer dann in Erscheinung tritt, wenn der Landesgott das Schicksal des Dorfes bestimmt und ihn dann als seinen Boten ausschickt.

Wir gingen durch den Eingangs-Chörten, vorbei an einer grölenden Horde Kinder, die auf dem Hof der Khumjung-Schule spielten, die von Sir Edmund Hillary und dem Himalayan Trust ins Leben gerufenen wurde. Die Schule ist über die Jahre hinweg immer mehr erweitert worden und nun die weiterführende Schule des gesamten Khumbu. Sie genießt einen hervorragenden Ruf. Kinder, die hier zur Schule gehen, können später aufs

College gehen und haben die Möglichkeit, zu studieren. Ihr unschlagbarer Vorteil liegt allerdings darin, dass sie den Kindern ein gesundes Umfeld bietet, frei von Luftverschmutzung und den Einflüssen der Großstadt, denn die Erfahrung zeigt, dass Eltern, die ihre Kinder nach Kathmandu auf die Schule schickten, nach einigen Jahren feststellen mussten, dass Ihre Kinder die Sitten und Gebräuche, sogar die Sprache der Sherpas, verlernt hatten.

Wir erreichten unsere Lodge. Es war noch früh und so nutzte ich die Zeit bis zum Essen, um ein paar Teile meiner dreckigen Wäsche zu waschen und auf der Trockensteinmauer in die Sonne zu legen. Ich hörte metallenes Klappern und Stimmengewirr. Hinter dem Haus war unsere Crew damit beschäftigt alle notwendigen Ausrüstungsgegenstände zusammen zu stellen, denn ab morgen sollte unser Abenteuer erst richtig losgehen. Zelte wurden aufgebaut, überprüft und gesäubert. Das komplette Kochgeschirr wurde ausgebreitet, durchgezählt und zusammengepackt.

Nach dem Essen unternahmen Pitt, Frauke und ich einen Ausflug zum Kloster von Khumjung. Denis kam nicht mit, er war krank und lag im Bett. Dandy, einer unserer Sherpas führte uns hin. Er kam aus diesem Dorf und wenn er nicht gerade auf einem Trekk unterwegs ist, lebt er hier bei seinen Eltern und Geschwistern. Er war noch recht jung und ich schätzte ihn gerade mal auf Anfang zwanzig. Er ist hier in Khumjung aufgewachsen und zur Schule gegangen.

Das Kloster war eine kleine freundliche Anlage, der Innenhof sonnenbeschienen und warm. Wunderschöne Malereien schmückten den Ort. In der Mitte des Hofes stand ein Pfahl und reckte sich mit flatternden Gebetsfahnen dem Himmel entgegen. Raben saßen überall herum. Wir zogen unsere Schuhe aus und betraten das

Dunkel der Gompa. Stimmen kamen aus dem Nichts. Als sich unsere Augen an das dämmrige Licht gewöhnt hatten, sahen wir einen Lama, der vor einem Stapel Texten saß und sich auf seine Puja vorbereitete. Eine alte Frau mit zerfurchtem, freundlichen Gesicht und Türkisen im Haar schenkte ihm Tee ein. Der Lama begann mit seiner Rezitation und wiegte sich im monotonen Singsang der tibetischen Silben. Es waren noch zwei Männer aus dem Dorf anwesend, die sich trotz der Puja angeregt mit einem anderen Lama unterhielten. Die Wände waren reich geschmückt mit Bemalungen, die unter einer dicken Schicht Ruß lagen, so dass sie ihre volle Pracht nicht entfalten konnten. Der Schrein war angefüllt mit einem von Staub überzogenen Chaos an Statuen und Opfergaben. Ich konnte eine große Tschenresi-Statue, dem Buddha des grenzenlosen Mitgefühls, erkennen. Für eine Gabe in die Donation-Box zeigte uns die alte Frau einen Fellklumpen in einem Glaskasten und erklärte uns, dass dies ein 3000 Jahre alter Yeti-Scalp wäre. Ob es wirklich ein Yeti war, der seine Haare lassen mußte, ist zweifelhaft, mal ganz zu schweigen von der Jahreszahl. Aber es schien der alten Dame sichtlich Freude zu bereiten. Nach wenigen Minuten klappte sie den Panzerschrank wieder zu und damit war die Vorstellung beendet.

Ich trat wieder hinaus ins Sonnenlicht und setzte mich auf die Stufen der Gompa, um meine Schuhe wieder anzuziehen. Der Lama kam hinaus und unsere Blicke begegneten sich. Wohlige Wärme breitete sich in mir aus und wir lächelten uns an. Der Moment berührte mich tief und Freude stieg in mir auf. Ich fand in einer Nische eine wunderschön bemalte Mani-Trommel und drehte sie. Ein Glöckchen erklang nach jeder Umdrehung. Bilder von Tara, der schnellen Befreierin, und Tschenresi waren zu sehen, in leuchtend klaren Farben gemalt.

Den alten tibetischen Schriften zufolge hat Guru Rinpoche, der Begründer des tibetischen Buddhismus in Tibet, wie auch der große Yogi Milarepa in einer Höhle über dem Dorf Khumjung meditiert, die bösen Geister dieser dunklen Zeit besiegt, zum Buddhismus bekehrt und die Täler des Khumbu zu einer besonders heiligen Zufluchtsstätte gemacht. Guru Rinpoche hatte schon lange vorausgesehen, dass Tibet einmal schwere Zeiten der Verfolgung bevorstünden, in denen es den Menschen dort unmöglich sein würde, ihren Glauben auszuüben, und sie ihre Heimat verlassen müssen. Im Zuge dessen begann er Orte in entlegenen Gebieten des Himalayas zu segnen und verwandelte sie in heilige Stätten, in denen die vertriebenen Tibeter einmal Zuflucht finden sollten. So hatte er auch das Khumbu zu solch einer heiligen Stätte geweiht. Nach dem Glauben der Sherpas konzentrieren sich in den Tälern besonders geheimnisvolle Kräfte und Geister.

Am Abend fand in der Lodge eine große mexikanische Party statt. Ein unerwarteter kultureller Bruch. Eine Gruppe von Mexikanern war gerade von der Besteigung des Island-Peak wiedergekommen und wollte sich bei allen Sherpas und der gesamten Crew, die sie begleitet und versorgt hatten, mit diesem Fest bedanken. Alle Lebensmittel hatten sie aus Mexiko mitgebracht und in der Lodge vorsorglich deponiert. Am Nachmittag wurde in der Küche gekocht und gezaubert. Der Innenraum war mit bunten Fahnen und Girlanden geschmückt. Mexikanische Musik plärrte aus einem kleinen Kassettenrekorder. Dann war es endlich so weit. Das halbe Dorf strömte festlich gekleidet, in traditioneller Tracht, in den großen Innenraum der Lodge. Für die Kinder war draußen schon eine aus Papmaché bunt zusammengebastelte Bonbonkuh aufgestellt worden, die, ähnlich wie wir es vom Topfschlagen her kennen, blind mit einem Stock zerschlagen werden mußte. Endlich mit dem Stock getroffen und zerschlagen ergoss sich ein Bonbonregen über den johlenden Kindern. Mit leuchtenden Augen, quietschend und lachend grabschten sie nach den Süßigkeiten und stürmten zu ihren Eltern und Freunden in die Lodge. Die Musik in der Lodge war ein buntes Gemisch aus mexikanischer Folklore im Wechsel mit schrillem Barbie-Techno, der in Nepal gerade so unheimlich beliebt ist, und traditioneller nepalesischer Musik. Es wurde getanzt, die Hände drehten sich anmutig in der Luft, die Füße stampften nach nepalesischer Art den Takt auf dem Boden. Die meisten Frauen aus dem Dorf waren scheu und trauten sich nicht, zu tanzen. Lieber beobachteten sie die Tänzer und die Kinder. Dabei tranken sie literweise Buttertee, der immer wieder erneut in schweren Eisenkesseln herein geschleppt wurde. Die Frauen schauten sich mit wachsender Begeisterung das Treiben an, lachten und quatschten. Gegen zehn Uhr wurde das Fest als offiziell beendet erklärt. Kinder wurden auf den Armen, schon tief schlafend, hinaus getragen. Ruhe kehrte ein.

Im Angesicht der Ama Dablam

4. Trekking-Tag
von Khumjung nach Dhole

Geräusche holten mich aus dem fernen Traumland. Es war schon hell. Pitt rollte sich als erster aus dem Bett. Ich steckte nur kurz meine Nase aus dem Schlafsack. Es war eiskalt im Zimmer, nicht besonders ermutigend, sich von dem wunderbar warmen Schlafsack zu trennen. Da es aber noch sehr früh war, gerade mal halb sieben, hatten wir noch etwas Zeit. Frauke und ich gönnten uns den Luxus, ein wenig später aufzustehen. Ein letztes Mal wuschen wir uns in einem Badezimmer mit Spiegel und Wasserhähnen. Ich verabschiedete mich von meinem Spiegelbild, ging frühstückten und packte wieder einmal den Rucksack. Jetzt begann das Abenteuer wirklich!

Es war kurz nach acht. Die Sonne war schon warm, doch auf den Wiesen lag noch der glitzernde Rauhreif der Nacht. Unser Atem bildete kleine Wölkchen. Hinter dem Haus hörten wir unsere Mannschaft werkeln. Sie packten noch unsere gesamte Küchen- und Camping-Ausrüstung zusammen und verluden es zusammen mit unseren großen Rucksäcken und Reisetaschen auf die Yaks.

Dandy ging schon mal mit uns los. Unser Weg führte uns quer durchs Dorf, vorbei an dem Haus seiner Familie. Rufend verabschiedete er sich von seiner Familie und wir zogen an der Stupa vorbei zum Dorf hinaus. Langsam stieg der Weg an. Dandy gab das Schrittempo vor. Wir gingen sehr, sehr langsam. Im Morgenlicht schimmernd lag vor uns die wunderschöne Siluette der Ama Dablam, umrahmt vom Farbspiel der herbstlich gefärbten Büsche und Bäume. In den sechziger Jahren wurde die Ama

Dablam das erste Mal von einer Expedition bestiegen und am Fuße ihrer massiven Westwand auf einem Felssims von Sir Edmund Hillary zusammen mit Neuseeländern, Briten und Sherpas in über 5000 Metern Höhe die erste Landebahn des Khumbu frei geräumt, um die tibetischen Flüchtlinge, die nach dem Einfall der Chinesen in Tibet nach Nepal kamen, mit Hilfsgütern des Roten Kreuzes zu versorgen.

An einer großen alten Stupa, geschmückt mit Gebetsfahnen und Mani-Tafeln machten wir einen Moment Pause. Die Aussicht war grandios. Ich konnte mich kaum von diesem Berg wegreißen und versuchte ihn, so gut es eben möglich war, in Bildern festzuhalten, um diesen Augenblick zu konservieren. Danach begann ein sehr steiler Abstieg. Trekker kamen uns, von unten kommend, entgegen und man sah ihnen an, wie schwer der Aufstieg sein mußte. Mit ein paar freundlichen Worten versuchten wir, ihnen Mut zu machen, aber auch für uns war es anstrengend. Wir mussten arg auf unsere Füße acht geben. Der Weg war steil und tückisch. An einem Steilstück hatte ein Erdrutsch den Weg mit sich in die Tiefe gerissen. Nackter, keinen Halt bietender Fels lag vor uns. Dandy sicherte uns mit seiner ausgestreckten Hand und zog jeden einzelnen von uns über diesen Felsen.

Wir hatten mittags eine Höhe von 3800 Metern erreicht, doch wir mussten an diesem Nachmittag noch auf gut 4100 Meter steigen. Der Weg war felsig. Und wieder machte sich die Höhe bemerkbar. Ich kontrollierte meinen Puls, doch alles war in Ordnung, auch die Atmung war nicht übermäßig. Alles war ruhig und gleichmäßig, wie die Schritte, die wir gingen. Die ganze Zeit wurden wir von der Sonne verwöhnt, doch plötzlich machte der Weg eine Biegung und im Schatten des Berges tauchten wir in einen dunklen Nebelwald ein.

Schlagartig wurde es empfindlich kalt, binnen von Sekunden schien der Winter gekommen zu sein.

Der Wald war von einer gespenstischen Schönheit. Moos hing von den Ästen der Bäume wie grünes Feenhaar. Es wehte leicht im Wind. Bäume knarrten, das Laub war schon von ihnen gefallen. Übereinandergekullerte Steine waren mit glitschigen Mooshauben bewachsen. Der Weg war rutschig, vermoost und unter dem Laub verbargen sich knorrige Wurzeln. Yaks, beladen mit Säcken, zwängten sich an uns vorbei. Oft zwangen sie uns die Böschung hinauf, um ihnen sicher auszuweichen. Zur Talseite hin auszuweichen kann tödlich enden. Unsere Sherpas achteten penibel darauf und auch wir achteten unter einander darauf, dass jeder sicher auswich.

Der Wald war sehr feucht. Wasser plätscherte überall, auch wenn man es nicht immer sehen konnte. Ich mochte diesen Wald nicht. Er schien mir in seiner kalten, mystischen Art bedrohlich. Die feuchte Kälte kroch in meine Muskeln und machte es mir schwer zu gehen. Eine befremdliche, drückende Stimmung beschlich mich und vor meinem geistigen Auge tauchten Bilder von nepalesischen Fabelwesen auf. Erst als wir den Wald hinter uns ließen und wieder in die Sonne traten fiel diese bedrückende Stimmung von mir ab.

Das nun folgende Stück Weg gehörte zu den steilsten des Tages. Kaum hatten wir die Sonne erreicht, wurde der Weg wieder staubig. Plötzlich spürte ich die Höhe extrem. In meinen Ohren begann es zu piepen und ich bekam Bauchweh, ein Gefühl, als wollte mein Magen das Mittagessen nicht verdauen. Langsam, einer hinter dem anderen, stiegen wir auf. An einem Felsen machten wir Rast, um Wasser zu trinken. Es war eine wunderschöne Aussicht auf die Ama Dablam, eingerahmt vom Blau des Himmels, roten Büschen, kunstvollen Astgebilden kahler Bäume und Berghänge, die fast japanisch wirkten. Seitlich unter uns lag der Nebelwald. Die blätterlosen Äste ließen ihn grau und gespenstisch erscheinen. Wir mobilisierten noch einmal unsere Kräfte, schulterten die Rucksäcke und machten uns an die letzte Etappe. Nicht sehr weit von uns entfernt war schon der Bergkamm zu sehen, über den wir noch gehen mussten. Dann kam Dhole in Sicht. Ein paar Meter hinter dem Bergkamm, unter uns auf einer grünen, abgegrasten Wiese, waren ein paar Parzellen feinsäuberlich mit weißen Trockensteinmauern abgegrenzt. Ich konnte zwei kleine Häuser erkennen. Eines war eine Lodge und das andere sah aus wie ein Hof. Unser Sherpa führte uns auf eine der Wiesen. Hier sollten wir für die nächste Nacht lagern. Erschöpft ließen wir uns nieder, nicht ohne vorher den Boden nach frischem Yakdung abgesucht zu haben.

So lagen wir in der Sonne, unsere Köpfe auf den Rucksäcken. Ich schlief vor Erschöpfung sofort ein. Auf einmal wurde ich durch eine plötzliche Kälte geweckt. Nebel war aufgezogen und verdeckte die Sonne. Wir zogen alles an, was wir in unseren Tagesrucksäcken mitgeschleppt hatten, aber uns war trotzdem verdammt kalt. Unsere Yaks waren immer noch nicht in Sicht und damit hatten wir auch noch keine Zelte, keine wärmeren Sachen und keinen Schlafsack, in den man sich vor der Kälte flüchten konnte. Dann endlich kamen sie, Zelte wurden aufgebaut und unser Gepäck von den Yaks geladen. Dankbar nahmen wir unsere Rucksäcke in Empfang und schleppten sie in unsere jeweiligen Zelte. Ich teilte mir eins mit Denis.

In Namche Bazar hatte Pasang mich gefragt, ob es mir recht wäre, wenn Denis und ich jeweils in Einzelzelten übernachten würden. Ich erklärte ihm, dass es mir lieber wäre, mir mit jemandem das Zelt zu teilen wegen des Risikos, in der Nacht zu erkranken und dann niemanden zu haben, der einem hilft. Es gab schon Bergsteiger, die man am nächsten Morgen tot in ihrem Zelt gefunden hat. Die Höhenkrankheit kann jeden von uns erwischen, zu jeder Tages- und Nachtzeit. Pasang verstand meine Entscheidung und auch Denis entschied genauso wie ich. Ab da war es nie wieder ein Thema. Wir teilten uns einfach ein Zelt und später auch wieder die jeweiligen Zimmer.

Kaum hatten wir uns so einigermaßen in unseren Zelten organisiert und warme Sachen angezogen, wurden wir auch schon zum Nachmittags-Tee gerufen. Es ist ein angenehmer Brauch, den die Engländer durch ihre Kolonialisierung hier hinterlassen haben und an den wir uns sehr schnell gewöhnt hatten. Einer nach dem anderen von uns kam ins Tee-Zelt, dick eingepackt wie für eine Polar-Expedition. Insbesondere Evi und Michael taten mir leid. Während in Deutschland schon der Herbst mit Schmuddelwetter eingesetzt hatte und wir Europäer damit die Möglichkeit bekommen hatten, unseren Körper langsam an die Kälte zu gewöhnen, hatten Evi und Michael nach den warmen Temperaturen in Singapur einen Temperaturunterschied von mehr als dreißig Grad Celsius zu überwinden. Sie froren unentwegt.

Der heiße Tee wärmte. Mittlerweile wurde es durch unsere Anwesenheit im Zelt auch wärmer und wir entledigten uns, einer nach dem anderen, unserer dicken Daunenjacken.

Draußen hatte sich der Nebel teilweise verzogen und die Sonne war gerade im Begriff unter zu gehen. Ich hatte das Bedürfnis, noch ein wenig alleine zu sein und lief die Anhöhe herauf, über die wir nach Dhole gelangt waren. Völlig außer Atem japste ich nach Luft. Ich wollte wie gewohnt die kleine Anhöhe im Laufschritt nehmen, um noch den Sonnenuntergang mit zu bekommen. Zu meinem Erstaunen war mein Körper dazu aber gar nicht in der Lage. Die Höhe machte mir einen Strich durch die

Rechnung. Ein kleiner Sprint den Berg hinauf, das konnte ich ab jetzt vergessen. Japsend setzte ich mich an einen exponierten Platz. Mir gegenüber lagen beschneite Berggipfel, die wie mit feinem Puderzucker bestäubt schienen. Vor mir breitete sich das Tal aus, durchzogen mit Wolken wie Watte. Die Farben glichen einem Aquarell und verschwammen ineinander. Orangegelb wurde langsam zu Rosaviolett. Meine Gedanken kamen schnell zur Ruhe und es breitete sich in mir tiefer Frieden aus.

Um sechs Uhr wurden wir zum Abendessen gerufen. Eine zischende Kerosinlampe verbreitete ein aggressives weißes Licht im Zelt, draußen war es schon dunkel. Unser Sirdar besuchte uns kurz, um nach uns zu sehen und uns den organisatorischen Ablauf des nächsten Tages mitzuteilen. Nach dem Essen breitete sich Müdigkeit aus. Die Gespräche verebbten und zuerst verabschiedeten sich die Belgier und schließlich auch das Singapur-Pärchen. Denis und ich saßen noch eine Weile im Zelt. Er las einen Roman und ich schrieb an meinem Tagebuch. Zwischendurch tauschten wir Gedanken aus. Es gibt nicht viel, was man in den Bergen in den Abendstunden machen kann. Somit ist der Tag sehr schnell nach Einbruch der Dunkelheit vorbei. Unsere Träger und Sherpas lebten diesen Rhythmus seit ihrer Kindheit. Für uns war es gänzlich neu. Ungefähr gegen acht Uhr gingen auch wir in unser Zelt. Die Nacht war klar und über uns breitete sich das ganze Universum aus. Eine klare Nacht bedeutete allerdings auch eine kalte Nacht. Dies war die erste Nacht im Zelt in meinem Schlafsack. Ich fragte mich, ob er wohl warm genug wäre.

„Death Valley"

5. Trekking-Tag
von Dhole nach Machhermo

Morgenlicht dämmerte durch die Plane unseres Zeltes. Ich blinzelte. Draußen waren schon Küchengeräusche zu hören. Ich hörte Schritte. Jemand kam auf unser Zelt zu. „Good morning, Tea!" rief es auf einmal und machte sich am Reißverschluß unseres Zelteingangs zu schaffen. Ich setzte mich auf und robbte im Schlafsack zum Zelteingang. Da steckte auch schon einer der Küchenjungs den Kopf herein und wünschte mir noch einmal freundlich einen guten Morgen. Nachdem er zwei Löffel Zucker in jede Tasse getan und sie mit heißem Tee gefüllt hatte, reichte er mir die Blechbecher. Einen gab ich direkt weiter an Denis, der ziemlich verkatert aussah. Kälte kam von draußen herein und schnell zog ich den Reißverschluß des Eingangs wieder zu. Im Zelt hatte sich eine angenehme Wärme gebildet. Zufrieden und erleichtert stellte ich fest, dass mein Schlafsack mich nicht im Stich gelassen hatte. Ganz im Gegenteil, es war angenehm warm gewesen. Denis hatte nicht gut geschlafen. Sein Schnupfen machte ihm zu schaffen und er hatte wieder die ganze Nacht starke Kopfschmerzen gehabt. Der Tee tat gut und machte munter. Eine halbe Stunde später wurde heißes Wasser in Blechschüsseln vor unser Zelt gestellt. Waschwasser oder wie unser Küchenjunge rief: „Excuse me, washingwater!" Ich suchte meine Brille und fand sie endlich. Noch immer im Schlafsack sitzend robbte ich zum Zelteingang und öffnete ihn vorsichtig. Unser Atem war über Nacht an der Zeltinnenseite gefroren. Vorsichtig schlug ich die Zeltplane zurück. Der Reif rieselte mir in den Nacken. Die Wiese, auf der unser Lager stand, lag noch im Schatten der Berge, doch die Sonne stand schon golden auf vereinzelten Berggipfeln. Das Gras war gefroren und während ich meine kalten Hände in das warme Waschwasser im Blechnapf vor mir tauchte, sah ich die winzigen Eiskristalle auf den Halmen glitzern. Im Schlafsack sitzend wusch ich mir schnell durchs Gesicht und befeuchtete auch kurz meine Haare. Die Zähne putzte ich mir mit dem eiskalten Wasser aus meiner Wasserflasche. Damit war die Morgentoilette als beendet anzusehen. Erfrischt und halb erfroren schloß ich wieder das Zelt und stopfte meine Trekkinghose in den Schlafsack, um sie anzuwärmen. Zehn Minuten später war ich angezogen und mein Rucksack wieder fertig gepackt. Ich zerrte ihn aus dem Zelt, um ihn auf unseren Gepäckstapel zu legen. Mit Denis war gar nicht gut reden. Er katerte immer noch herum. Ein Kaffee und eine Schmerztablette sollten ihn aber gleich wieder auf die Beine bringen.

Dick eingepackt saßen wir im Freien um unseren Frühstückstisch herum. Danach wurde wieder alles auf den Yaks verstaut und wir setzten uns alle, mit unserem Sherpa an der Spitze, in Bewegung. Nachdem wir die Senke und die Wiesen von Dhole durchquert hatten, stiegen wir einen Bergkamm empor. Als wir ihn passierten, tat sich vor uns ein Blick auf, der mir sehr unwirklich erschien. Ich war hin und her gerissen zwischen dem Empfinden von Schönheit und dem Entsetzen über diese trostlose Einöde. Die Baumgrenze hatten wir gestern hinter uns gelassen und nun reckten sich rotbelaubte, niedrige, stachelige Büsche in den klaren blauen Himmel. Der weiß verschneite Cho Oyu lag in der Ferne, am Ende dieses seltsamen Tals. Unser Weg schlängelte sich staubig an grünen, sanft geschwungenen Berghängen entlang. Unten im Tal trafen die Hänge auf die ausgewaschenen Geröllmassen eines reißenden Gletscherflusses, dessen Rauschen bis zu uns herauf drang. Jeder Schritt wirbelte Staub auf, der uns in den Augen brannte und unseren Mund austrocknete. Die Sonne stach vom wolkenlosen Himmel und von der anfänglichen Morgenkälte war nichts mehr zu spüren. Wir mussten sehr langsam gehen, denn die Höhe machte sich bei jedem von uns schon wieder bemerkbar. Es war nicht mehr leicht zu gehen. Pitt machte uns Sorgen. Er ging sehr langsam und klagte über konditionelle Probleme. Zwischendurch machten wir immer wieder kleine Trink-Pausen. Meine Wasserflasche war schon auf der Hälfte des Weges leer. Pitt entschloss sich prophylaktisch Diamox einzunehmen, ein Medikament, das die Sauerstoffsättigung im Blut erhöht, jedoch gleichzeitig auch stark entwässernd wirkt. Es wird zur Behandlung der akuten Höhenkrankheit eingesetzt und von manchen auch als chemische Akklimatisierungs-Hilfe missbraucht, wobei zu beachten ist, dass eine natürliche Akklimatisierung nicht durch die Einnahme von chemischen Präparaten ersetzt werden kann. Pitt war schwach und unser Sherpa nahm seinen Rucksack, damit er nicht so viel zu tragen hatte. Langsam und stetig gingen wir weiter. Schroffe Felsformationen ragten neben uns in den strahlend blauen Himmel. Ich hatte noch nirgendwo solch einen blauen Himmel gesehen. Auf unserem Weg kamen wir an verschiedenen Mani-Mauern und Tschörten vorbei. Wenn es möglich war, gingen wir auf der linken Seite an ihnen vorbei, so wie es die Tradition verlangt. Zwei nebeneinander liegende kleine Tschörten, abgelegen vom Weg, erregten unsere Aufmerksamkeit. Denis und ich gingen hin. Es war eine Gedenkstätte für zwei italienische Trekker, die hier an der akuten Höhenkrankheit (AMS) gestorben sind. Es lief mir kalt den Rücken herunter. Es kann jeden von uns zu jeder Zeit treffen. Meine gute Laune war schlagartig verflogen. Ich hatte einen

Traum gehabt, bevor ich diese Reise antrat, der mich überall hin begleitete und mir große Sorgen bereitete. Mit einem unguten Gefühl drehten wir uns um und sahen, wie die anderen um Evi herum standen. Sie kauerte auf einem Stein, die Kapuze ihrer Daunenjacke tief ins Gesicht gezogen. Was war geschehen? Michael erklärte, sie hätte plötzlich starke Kopfschmerzen und starke Bauchschmerzen bekommen. Unbehagen machte sich breit. War es so weit? War dies eine beginnende Höhenkrankheit? Pitt ging es nicht sonderlich schlechter, aber er fühlte sich auch nicht fit. Und nun Evi. Wir entschlossen uns, in einer nahe gelegenen Lodge eine Pause einzulegen. Wir saßen in der Sonne auf einer Holzbank mit einer wunderbaren Aussicht auf das Tal. Richtig genießen konnte ich es allerdings nicht. Ich versuchte, mir über meine Gefühle klar zu werden. Mir war klar, dass dieser Trekk kein Spaziergang sein würde und auch, dass es unter Umständen sogar lebensgefährlich sein kann. Und der Traum? Ein Teil von mir versuchte, ihn zu verdrängen, ein anderer versuchte, sich an die Einzelheiten zu erinnern, jemand wurde krank, eine junge Frau... Dann kamen auf einmal diese Kopfschmerzen. Ich versuchte, sie zu ignorieren. Sie waren nicht sonderlich stark. Nach einer halben Stunde machten wir uns wieder auf den Weg. Evi war tapfer und Denis war der harte Kerl wie eh und je, vital und gut gelaunt, ohne auch nur das geringste Zeichen von Schwäche zu zeigen. Er ging mir auf die Nerven mit seiner Show des durchtrainierten Sunnyboys und seiner aufgesetzten, vitalen, guten Laune. War er es doch, der kaum eine Nacht schlief wegen seiner andauernden Kopfschmerzen.

Meine Kopfschmerzen wurden immer stärker. Wir waren nur noch eine halbe Stunde von Machhermo, unserem nächsten Lagerplatz, entfernt. Ich versuchte, mit den Kopfschmerzen zu arbeiten und mich zu entspannen, tief ein- und auszuatmen und den Kopfschmerzen durch den Ausatem imaginären Raum zu geben, Raum so weit und kühl wie der blaue Himmel über mir. Endlich war Machhermo in Sicht. Es liegt auf einer Höhe von 4400 Metern. Ich legte mich in die wärmende Sonne. Meine Kopfschmerzen wurden immer schlimmer und ich war so müde. Ich versuchte, zu schlafen und dem Schmerz dadurch zumindest für eine kurze Zeit zu entrinnen. Kaum war ich eingedöst, gab es Mittagessen. Ich mochte nicht richtig essen. Eigentlich wollte ich nur schlafen. Danach ging ich ins Zelt. Alles tat so weh, jede kleine Bewegung schien mir den Schädel zu sprengen. Ich nahm eine Aspirin und versuchte zu schlafen. Denis lag neben mir auf seinem Schlafsack und las. Ich schlief unruhig und panisch. Ich träumte wirres Zeug und schreckte von meinem eigenen Aufschrei aus dem Schlaf auf.

„Excuse me, Tea ready!" rief uns einer der Küchenjungs. Denis weckte mich, doch ich wollte mich nicht bewegen. Die Kopfschmerzen waren immer noch nicht besser und ich hatte das Gefühl, dass sie durch das Liegen nur noch schlimmer wurden. Ich hatte Durst, aber ich war zu müde. Denis kam zurück ins Zelt und brachte Tee. Der Schmerz trieb mir Tränen in die Augen und ich hatte Angst. War es eine beginnende AMS? Denis redete mir gut zu, noch zwei weitere Aspirin zu nehmen und zu den anderen ins Tee-Zelt zu kommen, denn alle hätten heute mit Kopfschmerzen zu kämpfen, wir hätten definitiv zu wenig getrunken und wären dehydriert. Ich sollte mir keine Sorgen machen und erst mal so viel trinken wie möglich. In kleinen Schlucken trank ich meinen Tee und füllte die Tasse erneut mit Wasser aus meiner Flasche, löste zwei Aspirin auf und trank sie aus. Langsam zog ich mich an und ging hinüber ins Tee-Zelt. Nebel lag über allem. Man sah die Hand vor Augen nicht. Ich fühlte mich schrecklich. Kurze Zeit später tat die Aspirin und das viele heiße Wasser, das ich trank, seine Wirkung. Es ging mir immer besser. Evi und Michael kamen auch ins Zelt. So langsam kam wieder Leben in uns alle und jeder stürzte sich heißhungrig auf das Abendessen.

Als ich später wieder aus dem Tee-Zelt kam, breitete sich über mir ein klarer Sternenhimmel aus. Unzählige Sternbilder waren in einer unglaublichen Vielfalt mit dem bloßen Auge zu erkennen. Der Tag hatte uns alle ein bißchen erschreckt und mich dazu veranlasst, über ein paar Dinge nachzudenken.

Höhenkrank

6. Trekking-Tag
Machhermo nach Gokyo

Es muss ungefähr fünf Uhr morgens gewesen sein, es war noch dunkel, als ich hörte wie der Kerosin-Kocher im Küchenzelt angeschmissen wurde. Töpfe klapperten und die Jungs unterhielten sich. Während wir hier noch in unseren Schlafsäcken vor uns hin schnarchten, bereiteten sie schon für uns das Frühstück zu. Mich beschlich ein schlechtes Gewissen. Einschlafen konnte ich jetzt nicht mehr. Langsam beobachtete ich, wie es hell wurde. Dann hörte ich, wie Dandy auf unsere Zelte zugestapft kam. Gleich würde er uns wieder mit Tee wecken. „Good morning, Tea!" Ich robbte wieder zum Eingang und half, ihn zu öffnen. Reif rieselte mir in den Nacken und ein Schauer lief mir über den Rücken. Ein freundliches, kindlich scheues Gesicht strahlte mich an. Er reichte mir die zwei heißen Blechtassen herein und ich schloß den Eingang. Draußen lag schon wieder dichter Nebel über allem. Ich war überrascht, nach dem vorherigen klaren Abend hatte ich diesen Wetterumschwung nicht erwartet. Ich drückte Denis einen Becher in die Hand und trank im Sitzen. Heute hatte er einen guten Morgen. Er war wach und fit. Wie er mir erzählte, war dies die erste Nacht, in der er durchgeschlafen und keine Kopfschmerzen hatte. Mir ging es genauso gut. Auch meine Kopfschmerzen waren wie weggeblasen. Getrieben von einem Bärenhunger packten wir schnell unsere Sachen zusammen und zogen uns an. Am Abend zuvor hatte ich mir meine Alu-Wasserflasche mit heißem Wasser füllen lassen und als Wärmflasche benutzt. Nun hatte ich noch angenehm temperiertes Wasser zum Zähneputzen. Wir hatten ziemlich gute Laune und alberten noch ein bißchen herum. Dann schleppten wir unser Gepäck wieder auf den Stapel in der Mitte unseres Lagers. Langsam kamen die anderen aus den Zelten gekrabbelt. Evi quälte sich in voller Eskimo-Montur mit dem Po zuerst aus ihrem Zelt.

Dicke nasskalte Nebelschwaden zogen über die Wiese. Man hatte das Gefühl, der einzige Mensch auf Erden zu sein. Die Kälte krabbelte überall rein. Wir hielten uns an unserem heißen Frühstücks-Tee fest. Pitt hatte heute morgen gar keinen richtigen Appetit. Er nörgelte am nepalesischen Frühstück herum. Er wollte richtiges Brot mit Marmelade haben, wie es sich für ein vernünftiges Frühstück gehörte, und keine weichen Chapatis. Sonst ging es allen gut. Keiner hatte auch nur die kleinsten Anflüge von Kopfschmerzen mehr.

Dann brachen wir auf. Mir war ziemlich kalt. Ich hatte vergessen, mir eine lange Unterhose unter meine Trekkinghose zu ziehen, das war bis gestern auch noch nicht nötig gewesen. Jetzt aber war sie definitiv zu dünn. Steil ging der Weg nach oben, steil und staubig. Manchmal rutschten wir ab, da wir in dem Staub keinen richtigen Halt hatten. Langsam, ganz langsam setzten wir einen Fuß vor den anderen. Ich nutzte die Langsamkeit für eine morgendliche Gehmeditation, konzentrierte mich auf meinen Atem, spürte ihn wie er durch meine Nase in meine Lungen strömte und sie ausfüllte. Mein Herz schlug wie das eines Marathon-Sprinters. Ich spürte, wie meine Muskeln arbeiteten, kleine Steinchen unter meinen Schuhsolen knirschten, wie mein Atem an der Nasenspitze wieder herausströmte und mein Körper nach seiner nächsten Sauerstoff-Dosis verlangte. Mit jedem Schritt wurde mir die Vergänglichkeit bewußt, unaufhaltsam. Das Paradoxum – die Beständigkeit liegt in der Vergänglichkeit. Es ist das einzige, worauf man sich wirklich verlassen kann. Nichts bleibt, so wie es war. Der Schritt, der in dem einen Moment noch nicht getan war, ist nun getan und vergangen. Mein Schuh berührte die Erde und rollte über sie hinweg, um kurz darauf schon wieder in der Luft zu sein und anzusetzen zum nächsten Schritt. Monate hab ich mich auf diese Reise vorbereitet und nun ist die Vorbereitungszeit schon Vergangenheit, gerade in diesem Moment erlebe ich sie und jeder einzelne Moment, jeder Bruchteil einer Sekunde ist im Wechsel von Gegenwart zu Vergangenheit begriffen, gleich schon eine Erinnerung. Es fällt uns schwer, die Frische des Augenblicks zu erkennen und zu genießen, da wir entweder damit beschäftigt sind, über die Vergangenheit nachzudenken, oder wir schmieden Pläne für die Zukunft. Dabei erkennen wir den gegenwärtigen Augenblick gar nicht an. Erst wenn er schon wieder Vergangenheit geworden ist, bedauern wir, dass er schon vorbei ist, wir ihn nicht wahrgenommen haben und auch nicht halten konnten. Achtsamkeit bedeutet, jeden Moment vollständig wahrzunehmen, ohne zu bewerten, als das anerkennen, was er ist. Jeder einzelne Schritt zählt, diese gegenwärtige Bewegung meines Beinmuskels, die eine Kette von Körperereignissen und Sinneseindrücken in Gang setzt. Mein Fuß berührt die Erde, Staub wirbelt auf, ein Steinchen sticht durch die Sohle, ich verlagere mein Gewicht und schon ist der Fuß wieder in der Luft, kleine Momente reihen sich aneinander, immer fort. Vergangenheit, Gegenwart und Zukunft verschmelzen zu einem einzigen Augenblick. Jeder Moment ein Geschenk. Sich dessen bewusst zu sein, dass es eine Art Luxus ist, überhaupt die Dinge wahrnehmen und den Atem ein und aus fließen lassen zu können. Atmen und wahrnehmen scheinen eigentlich ganz normale Dinge zu sein, die jeder tun kann, doch nicht jeder ist in der Lage dazu. Es ist in der Tat ein Geschenk. Mich erinnerte dies an eine

Geschichte über einen alten Zen-Meister. Sein Schüler empfand das Atmen als einen eher langweiligen, nicht besonders bemerkenswerten Prozess. Kurzerhand stürzte der Meister sich auf seinen Schüler, hielt im Mund und Nase zu, bis der Schüler keine Luft mehr bekam und anfing, zu strampeln. Dann erst ließ der Meister von ihm ab. Nach Atem ringend saß der Schüler da und verstand. Meistens bemerken wir erst den Wert einer Sache, wenn sie uns fehlt.

Wir erreichten nach diesem steilen Anstieg einen ganz ähnlichen Berggrat wie auch gestern morgen. Oben bildete eine weiß gekalkte Stupa den Eingang zu dem Tal, aus dem wir kamen. Vor uns breitete sich eine unglaubliche Landschaft aus. Es war, als wären wir auf einem fernen Planeten gelandet. Der Nebel hatte die Berge verschluckt. Alles war grau und schwarz. Der Fluß, den wir gestern auch schon gesehen hatten, zog sich wie ein Silberband zwischen den Hügeln hindurch. Die Landschaft sah aus, als würde sie aus flachen, schwarzen Hügeln bestehen, gänzlich ohne Vegetation.

Der Weg schlängelte sich leicht ohne große Steigung an diesen unwirklichen Berghängen entlang. Eine unheimliche Stille lag über dem Tal. Keiner von uns sprach ein Wort. Mir war kalt und ich fühlte mich schon lange nicht mehr so vergnügt und kraftvoll wie am frühen Morgen. Abermals stieg der Weg steil an. Er war schwierig zu gehen und bestand nur aus Felsen und Steintreppen. Hier und da floß Wasser über den Weg. Diese Stellen waren zum Teil vermoost und alleine schon durch die Nässe rutschig. Neben uns fiel der Berg steil ab. Still schweigend kraxelten wir einer hinter dem anderen die Felsen empor. Wir begegneten Trägern, die ihre schweren Körbe auf Felsvorsprüngen abgesetzt hatten, um eine kleine Ruhepause zu machen. Andere schnauften in Badeschläppchen und mangelhaft bekleidet, schwer beladen denselben Weg hoch wie wir. Ich versuchte mir immer wieder einzureden, dass sie es gut bezahlt bekommen, aber ich konnte es mir selber nicht wirklich glauben.

Der Nebel drückte auf mein Gemüt. Alles war so schwer. Meine Beine fühlten sich kalt, schwer und müde an. Der steile Weg schien kein Ende zu nehmen. Doch dann endlich wurde es wieder flacher. Ein Fluß, milchigtürkis, rauschte wütend vor uns über weißgewaschene Felsen. Mittlerweile waren die Nebelwolken fast greifbar. Als hätten wir den Himmel erreicht, kam es mir vor, als bräuchte ich nur meine Hand nach oben zu recken, um den Himmel zu berühren. Über eine kleine Brücke überquerten wir den Fluß und gingen an seinem Ufer auf der anderen Seite weiter. Hier floß er ruhig und plätscherte zwischen Kieseln hindurch. Da kam schon der erste der drei Gokyo-Seen zum Vorschein. Der Fluß wurde aus diesen Seen gespeist. Überall verstreut lagen Felsen. Beim genauen Betrachten der Umgebung fiel mir auf, dass bis weit in das Steinfeld hinein, kleine Steinmännchen aufgetürmt waren. Kaum ein Felsen war nicht die Basis eines solchen mysteriösen Steintürmchens. Sie ragten gespenstisch durch den Nebel auf. Auf dem gegenüberliegenden Ufer des Flusses muß vor Urzeiten einmal ein schwerer Steinfall heruntergekommen sein. Schwarze Felsbrocken von der Größe kleiner Einfamilienhäuser waren übereinander gewürfelt liegen geblieben. Wir machten eine kurze Rast, um Fotos zu machen und um zu trinken. Denis erklomm einen dieser riesigen Felsen. Pitt übergab sich plötzlich. Es hatte jedoch keiner der anderen mitbekommen, außer Frauke und ich. Ich machte mir Sorgen. Frauke kümmerte sich sofort um ihn und es schien, ihm aber weiter ganz gut zu gehen. Plötzlich spürte ich diesen Druck in meinem Kopf. Er war nur leicht. Meine Ohren piepten wieder, zu lange für mein

Empfinden. Wir brachen wieder auf. In einer dreiviertel Stunde sollten wir unser Lager erreichen. Mit jedem Schritt wurden die Schmerzen schlimmer. Mein Kopf hatte nicht genug Raum für so viele Schmerzen. Endlich kam das Lager in Sicht. Ich wollte nur noch mit meiner Wasserflasche ins Zelt und darauf warten, dass der Schmerz vorbei geht. Auf keinen Fall wollte ich mich noch weiter bewegen. Denis überredete mich, doch ins Zelt zu kommen und etwas zu essen. Ich wollte nichts essen. Jede Bewegung tat mittlerweile weh und der Gedanke an Essen erregte Übelkeit. Ich stand von meinem Hocker im Zelt auf und brauchte einige Zeit um mein Gleichgewicht zu finden. Der Schmerz benebelte meine Orientierung. Ich ärgerte mich über mich selbst. Denis schaute mich besorgt an und bat mich, ihm Bescheid zu sagen, wenn mir schwindelig oder schlecht werden würde. Ich schaute ihn nur an und verabschiedete mich, um ins Zelt zu gehen. Er kam hinterher und gab mir ein englisches Buch, in dem alles über die Symptome der akuten Höhenkrankheit stand. Ich sollte es mir durchlesen und schauen, wie es mir geht und mich sofort melden, wenn ich die beschriebenen Symptome an mir beobachten würde. Dann ging er wieder hoch zum Tee-Zelt. Ich überflog das Kapitel, doch die Schmerzen trübten meine Konzentration. Ich hatte doch schon alles, was sie in dem Buch beschrieben, warum sollte ich noch etwas darüber lesen? Ich wollte gar nichts mehr machen, nur sitzen und warten bis der Schmerz vorbei ging. So setzte ich mich aufrecht und ruhig hin und versuchte, mich auf meinen Atem zu konzentrieren. Ich versuchte, den Schmerzen kühlen weiten Raum zu geben. Für einen Moment half es, dann jedoch konnte ich die Konzentration nicht mehr halten und die Schmerzen raubten mir fast den Verstand. Ich hatte das Gefühl, als wollte mir mein Hirn aus den Ohren herausquellen. Mir wurde speiübel und ich mußte mich übergeben. Zitternd stand ich an der kleinen Steinmauer. Kein Mensch war zu sehen, sie schienen sich alle Schlafen gelegt zu haben. Ich schleppte mich zurück zu meinem Zelt, vorsichtig, tastend, torkelnd. Ich schaffte die paar Meter bis zum Zelt und setzte mich. Mein Kopf wollte sich gar nicht mehr beruhigen. Ich fragte mich, wie viel Schmerz wohl in so einen Kopf passt. Mir war klar, dass ich höhenkrank war. Der Weg bis zum Tee-Zelt schien mir endlos weit. Zu weit, um Denis Bescheid zu sagen, zu weit, um Hilfe zu holen. Ich war ganz alleine und bekam Angst. Nicht vor dem Sterben selbst, sondern vor der Ungewißheit des Todes. Was erwartet mich hinter diesem Tor? Es ist nur ein kleiner Schritt. Ich bat die Buddhas um Schutz. Meine Angst wurde schwächer. Dann versank alles im Nebel. Die Kralle der Ohnmacht legte sich über mein Bewußtsein. Ich war nicht mehr in der Lage zu denken oder bewußt zu handeln. Mein Geist verabschiedete sich und versank in weichen grauen Schleiern. Im Vertrauen, dass die Buddhas mich leiten, ließ ich alles los, meine Schmerzen, meine Angst, meinen Atem. Mein Körper entspannte sich gänzlich. Gedanken an meine Eltern kamen auf. Ich sah, was sie für mich alles getan hatten und wie sehr sie mich liebten. Ich nahm meine Mutter in den Arm. Ich spürte, dass sie gerade wusste, was mit mir passierte. Ich spürte ihre Angst, die viel größer war als meine eigene. Ich versuchte sie zu beruhigen. Sie sollte sich keine Sorgen machen, denn alles war gut. Ich wußte, dass sie meinen Schmerz spürte, auch wenn sie in dem Augenblick am anderen Ende der Welt saß. Ich dankte meinen Eltern und wünschte ihnen von Herzen alles Gute. Ich nahm meinen Bruder in den Arm und sagte ihm, dass er sich keine Sorgen machen solle, wünschte ihm alles Liebe der Welt und verabschiedete mich von ihm, er ließ mich ziehen. Es gab nichts mehr was unfertig war. Mein Leben war gut gewesen und reich. Ich hätte es nie anders leben wollen. So ließ ich es los und dankte allen Freunden und Menschen die mich in irgendeiner Weise begleitet hatten. Es war alles abgeschlossen. Eine große warme Ruhe breitete sich aus.

Dann ging alles ganz schnell. Ich übergab mich erneut und das hörte Pasang. Er ordnete meine sofortige Evakuierung an. Denis sprach mit mir, aber ich konnte ihn nicht mehr verstehen, geschweige denn antworten. Mein Mund wollte die Worte nicht mehr formen und mein Hirn keine englischen Vokabeln mehr zur Verfügung stellen. Ich war nicht mehr in der Lage, meine Schuhe zuzubinden. Frauke half mir und zog mir auch meine Jacke an. Sie stellten mich auf meine Füße, ich konnte kaum stehen, geschweige denn laufen. Doch nun hieß es laufen um mein Leben. Dandy, einer unserer Sherpas, sollte mich nach unten bringen, zurück nach Machhermo. Er schleppte seinen und meinen Rucksack. Ich hatte mein Tagesgepäck auf dem Rücken. Es wurde schon dämmrig. Es muß nach sechzehn Uhr gewesen sein. Der Nebel war noch dichter geworden und wir sahen die Hand vor Augen nicht. Die Felsgebilde formten unheimliche Bilder. Ich hatte meine Augen halb geschlossen. Betäubt vom Schmerz fühlte sich mein Hirn verklebt an. Ich mobilisierte meinen letzten Rest Überlebenswillen und befahl meinen Beinen zu laufen. Egal wie, laufen. Bringt mich hinunter! Ich stolperte hinter Dandy her und ich hatte allerhand damit zu tun, meine Füße einigermaßen unter Kontrolle zu bekommen. Ich lief wie in Trance.

Abermals bat ich die Buddhas um Schutz. Ich versuchte mich mit der Rezitation des Mantras von Tara, einer weiblichen Buddhaform, die gerade in schwierigen Situationen hilft, wach zu halten und meinen Füßen einen Rhythmus zu geben. „Om tare tuttare ture soha" murmelte ich unablässig vor mich hin. „Tara hilf mir! Bring mich heil hinunter!" betete ich im Stillen. Endlich ließen die Kopfschmerzen ein bißchen nach. Wir mussten mittlerweile zweihundert Höhenmeter abgestiegen sein. Langsam fing mein Gehirn wieder an, zu arbeiten. Die graue, klebrige Dumpfheit begann, ihren schweren Griff von meinen Hirnwindungen zu nehmen. In der beginnenden Dunkelheit erreichten wir endlich, nach gut zwei Stunden Abstieg, Machhermo. Ich war sehr müde und hatte eigentlich nur noch einen Wunsch: schlafen, ganz egal wo. Ich wollte atmen und einen ruhigen Platz. Ich hätte auch draußen geschlafen. Wir hatten kein Zelt mitgenommen und so mussten wir uns einen Platz in einer der wenigen Lodges suchen. In der ersten war schon alles belegt, in die zweite gingen wir schon gar nicht rein und in der dritten hatten wir Glück. Ein Platz war noch frei. Die Lodge bestand nur aus zwei dunklen kleinen Räumen. Ich konnte in der Dunkelheit die Gesichter der Leute nicht erkennen. Sie saßen alle auf einer Bank am Fenster, durch das das letzte bläuliche Licht schimmerte. Ich hörte englische, italienische und bayrische Stimmen. Die Wirtin saß vor ihrer großen weiß getünchten Kochstelle, in der ein kräftiges Feuer prasselte. Sie rührte in verschiedenen Töpfen. Sherpas und Träger saßen mit ihr zusammen um das Feuer und wärmten sich. Ich schleppte meinen Rucksack in den Schlafraum. Es war ein kleiner finsterer Raum mit einem gusseisernen Ofen in der Mitte und zwölf dünnen schmalen Schaumstoffmatratzen, nebeneinander an der Wand entlang aufgereiht. Ich legte meinen Schlafsack auf eine freie Stelle und setzte mich auf eine Bank am Fenster, um zu verschnaufen. Ich hatte es geschafft, ich lebte noch. Jemand setzte sich neben mich und sprach mich in ganz grauenvollem deutschakzentuierten Englisch an. Ich sprach sofort Deutsch mit ihm. Es war Ulli. Er fragte, ob ich alleine unterwegs wäre und woher ich käme. So erzählte ich ihm kurz, was mir passiert war. Für mich war klar, ich würde nicht wieder hoch gehen. Ich hatte große Angst vor der Macht und Kraft der Berge bekommen. Wir gingen zusammen in die Küche zu den anderen und teilten uns einen kleinen Schemel. Er war noch mit vier weiteren Freunden unterwegs. Erst jetzt wurde mir allmählich klar, was sich an diesem Nachmittag dort oben abgespielt hatte und wie knapp alles gewesen war. Es hätte auch schief gehen können. Wenig später hätte ich vielleicht nicht mehr selbständig laufen können, dann wäre auch die Nacht hereingebrochen und eine Evakuierung wäre schwierig geworden. Dieser Abschnitt, hoch zu den Gokyo-Seen, heißt nicht umsonst unter den Trekkern „Death Valley". Auf dieser Strecke sterben die meisten an der Höhenkrankheit, da es durch seine Abgeschiedenheit keine ausreichend schnelle Möglichkeit gibt, Hilfe zu holen.

Langsam bekam ich wieder etwas Appetit und bestellte mir eine Portion Reis, ohne Soße. Die anderen bekamen auch ihr Essen. Hausgemachtes Gemüse-Curry. So saßen wir beieinander, in dieser dunklen, verrauchten Küche. Neben uns prasselte das Feuer und die Stimmen der Sherpas vermischten sich mit unserem Geschwätz. Es war ein angenehmer Abend. Insbesondere empfand ich es entspannend, endlich wieder einfach in meiner Muttersprache reden zu können, auch wenn mir die englische Sprache sehr leicht fällt und ich schon seit ein paar Tagen angefangen hatte, Englisch zu denken und zu träumen. Wenn ich Tagebuch schrieb, mußte ich meine Gedanken erst vom Englischen ins Deutsche übersetzen, um nicht ein englisches Tagebuch zu schreiben. Es ist interessant, wie schnell man sich an eine Sprache gewöhnen kann. So saßen wir da und erzählten uns Geschichten, von den Dingen, die wir auf unserem Weg erlebt hatten. Auch diskutierten wir die Frage, wie es für mich jetzt weitergehen würde. Sollte ich tatsächlich meinen Urlaub schon an dieser Stelle abbrechen? Zwei von den Deutschen boten mir an, am nächsten Tag mit ihnen abzusteigen. Sie hatten sich eine Erkältung zugezogen und fühlten sich außer Stande, noch höher zu steigen. Ich erkannte, dass ich nur ganz alleine für mich diese Entscheidung fällen und mir niemand diese Entscheidung abnehmen konnte. So entschloß ich mich, erst einmal die Nacht abzuwarten. Auf dem Weg zum Toilettenhäuschen merkte ich, dass ich immer noch beträchtlich torkelte und meine Füße überhaupt nicht unter Kontrolle hatte. Auf allen Vieren erklomm ich die Felsstufen zur Toilette. Dabei waren es ganz normale, nicht besonders hohe Stufen. Ich hatte keine Kraft. Auf der einen Seite lachte ich über meine Schwäche und mein Unvermögen, auf der anderen Seite aber hatte ich immer noch Angst.

Wir krochen alle in unsere Schlafsäcke. Wie die Ölsardinen lagen wir dort, einer neben dem anderen. Zwei Engländer weigerten sich strikt, ein Fenster zu öffnen. Sie waren so mangelhaft ausgerüstet, dass sie befürchteten, bei geöffneten Fenstern zu erfrieren. Ich kann es bis heute noch nicht nachvollziehen, wie man mit solch dünnen Schlafsäcken ein Trekking in dieser Region machen kann. Der Ofen in der Mitte des Raums verströmte nicht besonders angenehme Dämpfe. Socken lagen zum trocknen auf dem Rost. Alles in allem, waren es nicht die besten Voraussetzungen für einen gesunden, erholsamen Schlaf. Vor dem Schlafengehen, ließ ich mir noch meine Wasserflasche frisch füllen. Kurz vor meinem Abstieg hatte ich von Frauke eine Diamox-Tablette bekommen. Ich bin eigentlich kein Freund von solchen Medikamenten, aber es schien mir in dieser Situation notwendig und hilfreich. Diamox beschleunigt unter anderem auch den Abtransport von Wasser aus dem Körper. Ich fühlte mich völlig dehydriert und versuchte mit dem Trinken nachzukommen. Kaum lag ich eine halbe Stunde im Schlafsack, mußte ich mich schon wieder heraus pellen, meine Schuhe im Dunkeln suchen und mit Stirnlampe und Daunenjacke ausgestattet, raus in die Kälte zum Klo laufen. Die Haustür war schon verriegelt und die Frau des Hauses, die Sherpas und Träger hatten sich auf dem Küchenfußboden ein Lager bereitet. Sie schliefen. Ihr Atem ging tief und gleichmäßig. Knarrend öffnete ich die Tür einen Spalt und huschte hinaus. Ich hatte schon viel zu lange gewartet und kniff die Beine zusammen. Wer will aber auch freiwillig hinaus in die Kälte zum pinkeln. An Feinmotorik war nicht zu denken und ich bewegte mich immer noch mit der tapsigen Unsicherheit eines Betrunkenen. Sterne standen am Himmel. Der beißende Geruch der Latrine stach mir in die Nase. Wie mag es wohl sein, wenn es wärmer ist? Eigentlich wollte ich es nicht wirklich wissen. Kälte hat doch etwas Positives. Vorsichtig schlüpfte ich zurück ins Haus. Schloß die Tür, allerdings ohne den Riegel vorzuschieben, in weiser Voraussicht, dass dies nicht das letzte Mal für diese Nacht gewesen sein sollte. Mein Schlafsack war noch warm und ich versuchte, mich so leise wie möglich wieder darin zu verkriechen. Das Spiel wiederholte sich noch weitere viermal in dieser Nacht. Zwischendurch konnte ich nicht schlafen und lag wach. Aber es war ein angenehmer Zustand. Mein Geist war sehr klar und ruhig. Ich hörte die Menschen um mich herum atmen. Sie schliefen und träumten. Hinten in der Ecke lag ein Deutscher, der einen völlig verwirrten Eindruck machte. Auch ihn schien die Höhenkrankheit erwischt zu haben, doch er ließ sich wohl nicht zum Abstieg bewegen. Er wollte weiter aufsteigen. Ich hörte ihn stöhnen und wirres Zeug reden. Von den anderen hatte ich gehört, dass seine Frau bereits in Kathmandu wegen der Höhenkrankheit in der Klinik lag.

Blaues Licht fiel zum Fenster herein. Wie spät es wohl sein mochte? Ich überlegte, wie es jetzt für mich weiter gehen würde. Sollte ich wieder aufsteigen, riskieren, wieder krank zu werden und diesmal vielleicht nicht mehr zurückzukommen? Durfte ich das Schicksal noch einmal herausfordern? Vielleicht war dies eine Warnung gewesen und ich sollte nicht mehr hoch? War ich hier auf 4700m an mein persönliches körperliches Limit gekommen? Kein Berg ist ein Menschenleben wert. Wollte ich mein Leben wieder so leichtfertig aufs Spiel setzen? Der Berg ist totes Material. Was treibt uns Menschen dazu, ihn besteigen zu wollen? Aber wollte ich es wirklich unversucht lassen? Wollte ich wirklich absteigen und nach Hause kommen und mich immer wieder mit der Frage quälen, was wäre gewesen, wenn ich es noch einmal versucht hätte? Hätte ich es geschafft? Ich entschloss mich dazu, bis nach dem Frühstück zu warten. Im Tageslicht sehen die Dinge oft ganz anders aus. Noch war ich unfähig, wirklich objektiv zu entscheiden.

Es geht weiter

7. Trekking-Tag
Wiederaufstieg von Machhermo nach Gokyo

Ich muss wohl doch noch etwas geschlafen haben, denn ich wurde durch das Rascheln von Kleidung geweckt. Hellblaues Dämmerlicht fiel durch die Fenster. Es konnte noch nicht einmal sechs Uhr sein. Die zwei Engländer machten sich reisefertig. Ulli hatte neben mir geschlafen und wir beobachteten sie, nicht ohne ihre mangelhafte Ausrüstung zu bemerken, die sie wohl in ihrem Baumarkt um die Ecke erstanden hatten. Dann verließen sie die Lodge. Ich versuchte, noch ein wenig vor mich hin zu dösen, doch kurze Zeit später pellte sich einer nach dem anderen aus dem Schlafsack. Die Nacht war unweigerlich vorbei und damit stand ich vor meiner Entscheidung: aufsteigen oder absteigen? Ich krabbelte aus meinem warmen Schlafsack, zog mich an, packte meine Sachen zusammen und trat hinaus in den kalten Morgen. Der Nebel der Nacht hatte wieder einmal kleine Eiskristalle auf den Grashalmen und Felsen hinterlassen. Ulli und Andi putzten sich gerade die Zähne. Ich verzichtete für heute auf meine Morgentoilette. Es war mir zu umständlich, um Wasser zu bitten. Viel wichtiger war für mich: ich stand kerzengerade auf meinen beiden Füßen, torkelte nicht und mein Kopf war klar wie der junge Morgen. Ich hatte Hunger und enormen Durst. Nach einem kurzen Morgensmalltalk mit Zahnpastagenuschel ging ich wieder in die Lodge und suchte Dandy, meinen Sherpa, um nach Frühstück zu fragen. Ich bekam ein kräftiges Porridge und eine große Tasse Lemon-Tea. Wunderbar, das war genau das, was ich brauchte. Ich spürte wie meine Kraft zurückkehrte. Mein Entschluss stand fest: Aufstieg!

Nach dem Frühstück sammelten sich die einzelnen Trekker vor der Lodge, überprüften ihr Gepäck, berieten sich mit ihren Führern und machten sich langsam auf den Weg. Zwei von den Deutschen stiegen ab. Ulli und Andi wollten weiter aufsteigen zu den Gokyo-Seen, allerdings im Alleingang. Wir verabschiedeten uns alle kurz und schmerzlos, nicht ohne uns alles Gute zu wünschen. Hier in den Bergen läuft man sich oft mehrmals über den Weg. Ich war mir sicher, die beiden oben wieder zu treffen.

Dandy und ich machten uns ganz langsam auf den Weg. Ich hatte ihm meinen Entschluss, aufzusteigen, nur unter Vorbehalt mitgeteilt. Ich sagte ihm, dass ich es auf jeden Fall noch einmal versuchen wollte. Meine Bedingung war allerdings, dass wir extrem langsam aufstiegen, mit vielen kleinen Pausen zum Wassertrinken. Sollte ich wieder Kopfschmerzen bekommen, würde dies für mich sofortigen Abstieg bedeuten und auch das Ende meiner Reise.

Dandy ließ sich nicht davon abbringen meinen Rucksack zu tragen und seinen noch dazu. Wir gingen denselben Weg wie gestern, sehr steil über Staub und Schotter an der weißen Stupa vorbei. Der Himmel war heute klar und im Gegensatz zu gestern trübte kein Wölkchen den strahlend blauen Himmel. Die Sonne wärmte meinen Rücken. An der Stupa angekommen lag vor mir dieses grandiose Tal, welches gestern durch den dichten Nebel zu einer Mondlandschaft verwandelt wurde. Freundliche grüne Abhänge schwangen sich durch das Tal, in dem sich der Gletscher-Fluss wie ein blaues Quecksilberband durch wand. Über allem thronte am Ende des Tals der dick verschneite Cho Oyu. Man sagt, er sei der leichteste zu besteigende Achttausender.

Wir wanderten über die kurzgeschorene Wiese einer Hochalm. Von weitem hörte ich ein Mädchen singen. Kleine weiße Steinmauern durchbrachen den weichen Schwung der Wiesen. Kurze Zeit später erreichten wir wieder den steilen felsigen Abschnitt. Schritt für Schritt erklommen wir die Stufen, Felsbrocken gaben unseren Füßen Halt. Träger schnauften an uns vorbei, ich wagte ihnen kaum in die Augen zu schauen. Bei einem Gruß begegneten mir schwarze Augen. Schweiß stand auf der Stirn seines zerfurchten Gesichts. Ich versuchte ihm ein aufmunterndes Lächeln zu schenken, begriff aber die Absurdität. Beschämt schlug ich die Augen nieder. Ein Junge, vielleicht neun Jahre alt, kam mir entgegen und schleppte an einem Stirnriemen befestigt einen schweren Korb. Die Träger hatten sich kleine Waschlappen oder Handtücher als Polster auf ihren Kopf gelegt, um den Tragriemen besser aushalten zu können. Ihre Körbe waren schwer beladen mit bunten Reisetaschen und Rucksäcken. Die dazugehörigen Trekker waren nicht zu sehen. In Gruppen machten die Träger Rast, ihre schwere Last auf Felsen abgestellt. Kleine Feuerstellen zeugten von ihren Nachtlagern. Manche von ihnen kamen geradewegs aus dem Base Camp des Cho Oyu und schleppten Expeditions-Ausrüstung wieder hinunter ins Tal. Ich konnte mich immer noch nicht mit dem Arbeitsfeld der Träger abfinden. Einerseits haben die Bergvölker seit Ewigkeiten ihre Lasten durch die Berge getragen, da kein Fahrzeug dieses unwegsame Gelände passieren kann. Andererseits jedoch, tragen sie diese Lasten nun nicht mehr für sich selbst, sondern für Menschen, die in diesem Land Urlaub machen wollen. Sie schleppen Tonnen an Gepäck, Cola-Kästen und Massen an Lebensmitteln, nur damit es dem Touristen hier oben an nichts fehlt. Selbst Export-Bier, Schokoriegel und Kekse namhafter Firmen sind überall zu haben. Sie bekommen Geld dafür, doch kann ich mir kaum vorstellen, dass dieses Geld all diese Schwierigkeiten und Qualen aufwiegen kann. Viele von ihnen haben Frau und Kinder, die sie in der Trekking-Saison mit dem Hof und dem Vieh alleine lassen. Häufig bewirtschaften die Frauen den Hof alleine, kümmern sich um die Kinder, das Vieh und die Ernte. Kinder gelten schon mit sechs Jahren als Arbeitskraft, auch für die ganz kleinen wird schon früh eine Arbeit auf dem Hof gefunden. Auch wenn zunehmend mehr Kinder zur Schule geschickt werden, haben sie häufig nicht mehr als vier bis fünf Jahre Schulbildung. Einige jedoch bleiben für immer Analphabeten.

Mir wird wieder einmal ganz stark bewußt, in welch einem Luxus ich mich in meinem Leben bewege. Dinge, die für uns Europäer so selbstverständlich sind, sind hier nahezu unaussprechbar. Ich schäme mich fast ein Tourist zu sein, zumindest kann ich nicht wirklich stolz drauf sein, da ich das Gefühl nicht los werde, auf Kosten der Einheimischen hier meinem Vergnügen nachzugehen. Da stellt sich mir die Frage: Was habe ich hier verloren?

Der Aufstieg fiel mir heute viel leichter als gestern. Die Sonne schien und es war angenehm warm. Ich scannte meinen Körper auf Anzeichen einer erneuten Höhenkrankheit und achtete sensibel auf meine Puls- und Atemfrequenz. Ganz bewußt atmete ich so viel und so tief wie möglich. Ich fühlte mich gut. Nach der Felskletterei erreichten wir schon die kleine Brücke über den Fluß, der aus dem ersten der drei Gokyo-Seen gespeist wurde. Die Luft kühlte sich durch das kalte Wasser empfindlich ab und ich zog wieder meinen dicken Fleece über. Das Feld der Steinmännchen tauchte auf. Heute sahen sie richtig nett aus, von der Sonne beschienen, sich weiß vom blauen Himmel abhebend. Wir erreichten den ersten See. Smaragdgrün leuchtete er unwirklich wie ein Juwel zwischen den Gletscher-Moränen. Wir gingen weiter. Plötzlich sah ich einen Jungen am Wegrand stehen. Dandy hatte ihn auch schon erblickt, winkte und rief etwas in Nepali, was ich nicht verstand. Der Junge hatte eine silberne Blechkanne in der Hand und zwei Tassen in der anderen. Ich winkte und freute mich. Er wartete auf uns, um uns mit Tee Willkommen zu heißen. Wir beschleunigten unseren Schritt. Mit lautem Hallo begrüßten wir uns. Geschickt goß er den heißen Tee in die zwei Becher und reichte sie Dandy und mir. Es war eine schöne Geste. Ich war überglücklich. Für mich bedeutete es, dass ich es geschafft hatte, das Lager war nicht mehr weit. Man hatte anscheinend an unserem Wiederaufstieg nicht gezweifelt. Nach der kurzen Teepause nahm der Junge den Rucksack von Dandy, so dass er nur noch meinen Rucksack trug. Eine halbe Stunde später erreichten wir unser Lager. Wir hatten es tatsächlich geschafft. Ich empfand Dandy gegenüber große Dankbarkeit und dankte ihm auf Englisch.

Als ich mein Gepäck zum Zelt schleppte, registrierte ich, dass das Camp bis auf unserer Crew leer war. Mein Blick schweifte über den See. Smaragdgrün fluoreszierte er in der Sonne. Eine dick vermummte Gestalt saß auf einem großen Stein. Michael. Ich freute mich ihn zu sehen und setzte mich neben ihn. Die anderen waren alle noch auf dem Gokyo-Ri. Ihm ging es nicht so gut. Er fühlte sich schlapp und hatte Kopfschmerzen. Er erzählte mir, dass er noch nie in seinem Leben eine Trekking-Tour gemacht hatte und fühlte sich hier in den Bergen völlig deplaziert. Seine Frau hatte diesen Wunsch gehabt, eine fixe Idee, aber beide waren sich überhaupt nicht darüber im Klaren gewesen, auf welch eine Strapaze sie sich da einlassen würden. Für ihn bedeutete diese Reise eine Tortur. Aber er machte es aus Liebe für seine Frau Evi.

Nach und nach trudelten die anderen wieder ein. Es gab ein riesiges Hallo. Es war schön, wieder zur Gruppe zurückgekehrt zu sein. Die Entscheidung, die ich am Morgen gefällt hatte, erwies sich als richtig. Nun waren wir wieder alle zusammen. Und ich hatte das Gefühl, dass die Gruppe nun wirklich endlich eine Gruppe war.

Das Mittagessen war fertig und wir gingen hinauf ins Tee-Zelt. Ich hatte einen unheimlichen Heißhunger und futterte, was ich nur kriegen konnte. Eine träge Müdigkeit breitete sich aus. Wir verabschiedeten uns alle zu einer kleinen Siesta. Die Sonne hatte das Zelt angenehm aufgeheizt. Ich lag auf dem Rücken. Neben mir die gleichmäßigen Atemzüge von Denis. Der Wind spielte mit dem Zelt. Ich sah in den Himmel. Stimmen, mein Name wurde gerufen. Das war Ullis Stimme! Ich krabbelte aus dem Zelt, stolperte in meine Badeschläppchen und richtig, da standen sie, dick vermummt mit Daunenjacke und Sonnenbrille. Welch eine schöne Überraschung. Ich schlappte zu ihnen rüber und wir unterhielten uns ein wenig. Sie waren gerade auf dem Weg den Gokyo-Ri zu besteigen und so verabschiedeten wir uns erneut auf unbestimmte Zeit. Ich wünschte ihnen viel Glück bei der Besteigung.

Frauke saß unten am See und las. Leise setzte ich mich zu ihr, um Tagebuch zu schreiben. Nach einiger Zeit holte Pitt sie ab zu einem Spaziergang. Denis war mittlerweile auch wieder aufgewacht und gesellte sich zu mir. So saßen wir da, erst schweigend, jeder in seinem Buch oder Gedanken vertieft. Es lag ein tiefer Friede über allem. Vor uns ragte ein Stein aus dem Wasser, auf dem Reste eines Opfers an die Buddhas lagen. Ein weißer, vom Wind zerzauster Katak mit dem Rest eines erloschenen Räucherstäbchens erinnerten an ein Gebet. Denis ließ mich alleine.

Sonnenstrahlen funkelten auf der vom Wind gekräuselten Oberfläche des Sees. Ich schloß die Augen. Durch meine Lider sah ich es immer noch blitzen. Ich spürte meinen Atem, wie er ruhig dahin floß. Das stetige, unregelmäßige Bimmeln der Yak-Glöckchen drang an mein Ohr. Yaktreiber pfiffen und schnalzten. Ein Transistor-Radio plärrte nepalesische Musik. Neben mir wuschen sich schnaufend und schneuzend zwei junge Nepalis im See, allerdings nur das Gesicht, die Haare und die Füße. Wasser plätscherte an die Steine. Ich versank in Zeitlosigkeit und begann, mich in allem wiederzufinden und gleichzeitig aufzulösen. Eine große Ruhe breitete sich aus.

Dann ganz plötzlich tauchte aus dem Nichts dieser kleine rotznasige Junge auf. Er hatte mich wohl auf dem Stein entdeckt und redete nun ohne Unterlaß auf mich ein. Ich konnte ihn nicht verstehen. Ich schlug die Augen auf. Ein rundes tibetisch anmutendes Gesicht mit schwarzen Augen grinste mich an. Ich fragte ihn auf Nepali nach seinem Namen. „Tapai ko naam ke ho?" Das ist nahezu der einzige Satz, den ich sprechen kann. „Mero naam Tashi ho!" antwortete er mir schnell. Seine Name war also Tashi. „Namasté Tashi!" begrüßte ich ihn. Ich kletterte von meinem Felsen hinunter und wir ließen flache Steinchen über den See hüpfen. Der kleine Junge war ein Vollprofi. Erstaunlich, mein Opa hatte es mir als Kind beigebracht und nun an einem ganz anderen Ende der Welt lassen auch diese Kinder Steinchen über den See flitschen. Auch sie werden es wohl von ihren Großeltern gelernt haben und die wiederum von ihren Großeltern. So werden Kinderspiele von Generation zu Generation weitergegeben. Faszinierend! Ebenso auch das Murmelspielen, wie ich mit Entzücken beobachten konnte. Sofort versetzte es mich in meine eigene Kindheit und ich hatte wieder das kleine Säckchen bunter Glasmurmeln vor Augen, mit dem ich immer gespielt hatte. Nach dem Nachmittagstee entschloß ich mich noch zu einer kleinen Bergtour. Ich wollte wissen in welcher Verfassung ich mich wirklich befand und stapfte einen Bergkamm empor. Vorsichtig suchte ich mir einen Weg durch das niedrige Gestrüpp. Yakpfade waren gut sichtbar und ich folgte ihnen. Oben auf dem Kamm angekommen riß der Berg jäh ab. Vor mir breitete sich eine bizarre, grausam schöne Mondlandschaft aus. Ein riesiger Gletscher schob seit der Eiszeit Geröll und Eis das Tal hinab. Die Stille wurde durchbrochen durch das gespenstische Knirschen und Knacken des schwarzen Eises. Ein Steinschlag grollte irgendwo nieder. Hier und da klickerten kleine Steine. Eine menschenfeindliche Gegend. Bedrohlich tot und gleichzeitig erschreckend lebendig. Millimeter um Millimeter bewegt sich das Eis. Nicht weit von mir entfernt ragte stolz der Cho Oyu in den blauen Himmel, umrahmt von zerrissenen, vereisten Gipfeln. Vorsichtig ging ich weiter auf diesem schmalen Grad entlang. Dunkelheit begann sich im Tal auszubreiten. Nur noch die Gipfel der Schneeberge erglühten im letzen Sonnenlicht. In der Tiefe der Stille spürte ich die Kraft der Berge, fühlte sie in mir und wurde eins mit der Natur. Ihr Rhythmus schlug in meinem Herzen. Für einen kurzen Moment erhaschte ich einen kleinen Einblick in das Mysterium der Untrennbarkeit des Gesamten. Ich lebte und fühlte mich wie ein Baum, dessen Saft ihn nach dem Winter wieder durchströmt und er wieder stark und biegsam wird. Die Dunkelheit senkte sich über den Weg. Silbrig schimmerte der Fluß im letzten Licht, bevor er sich an seinem Ende mit dem See vereinigte.

Die Einsiedelei

8. Trekking-Tag
von Gokyo nach Dragnag

Die Nacht war sehr kalt gewesen. Zwei Mal mußte ich das Toiletten-Zelt aufsuchen und war jedesmal wieder heilfroh gewesen, in meinen warmen Schlafsack schlüpfen zu können. Mit dem Fleece-Inlay hielt mein Schlafsack die Kälte draußen. Auch erstaunte es mich immer wieder, dass es verhältnismäßig warm war in unserem Zelt, im Gegensatz zur Außentemperatur. Unser Camp hätte in dieser Nacht bestimmt den Grandprix de Schnarch-Chanson gewonnen. Aus jedem Zelt war ein gelungener Beitrag zu hören. Um halb sieben weckte uns Dandy mit seinem üblichen Morgengruß: „Good morning! Tea!" Ich holte die beiden dampfenden Tassen hinein. Denis bewegte sich kein Stück. Ich stupste ihn an und langsam bewegte sich die Schlafsackwurst. Sein verkatertes Gesicht sprach Bände. Er hatte wieder die ganze Nacht kein Auge zu getan und höllische Kopfschmerzen. Ich reichte im den Becher und wir gingen den Tag ganz gemächlich an. In der Zwischenzeit wurde unser Waschwasser vor das Zelt gestellt. Endlich waschen! Wie genügsam ein Mensch werden kann. Schon alleine dieses bißchen warmes Wasser empfand ich luxuriös. Allerdings träumte ich mittlerweile von einer Dusche. Erstmal jedoch mußte ich mich mit meinem Deo begnügen für die nächsten Tage.

Von dem schönen Wetter von gestern war nichts mehr zu sehen. Wolken verhüllten die Gipfel und die Sonne. Heute hieß es für uns Gepäck reduzieren. Vor uns lag der Weg über den 5400 Meter hohen Chola-Pass. Für unsere Yaks war die Paßüberquerung undenkbar, wegen des unwegsamen Geländes, und so gingen sie mit ihrem Treiber um die Bergkette herum. Ausrüstung und Gepäck für die nächsten zwei Tage konnten nur Menschen transportieren. Das bedeutete für uns alle, mit dem aller Nötigsten auskommen zu müssen. Wir packten so präzise und leicht wie möglich. Dinge, die wir nicht unbedingt benötigten, wurden auf die Yaks verladen und würden uns erst in drei Tagen wieder zur Verfügung stehen.

Beim Frühstück herrschte ausgezeichnete Stimmung. Pitt hatte zwar eine leichte Erkältung, doch mit der Höhe hatte von uns keiner mehr irgendwelche Probleme.

Nach dem Frühstück sammelten wir alle unsere Rucksäcke zusammen und machten uns reisefertig. In der Zwischenzeit hatte unsere Crew die Zelte abgebaut und in kleine, gelbe, handliche Pakete verpackt, die sie sich auf ihre Rucksäcke banden. Ein ganz besonderer Anblick erschütterte uns zutiefst. Wir sahen, wie sich die Frau unseres Yaktreibers unser Notgepäck auf ihren Rücken lud. Sie war diejenige, die unser Gepäck über den Pass transportieren sollte. Mir klappte die Kinnlade nach unten, und damit war ich nicht die einzige. Dieses unhandliche Paket wog trotz Reduzierung mindestens vierzig Kilo. Ich empfand tiefe Bewunderung für diese Frau, die es schaffte, uns trotz der Last noch mit ihrem strahlensten Lächeln zu begrüßen und mit den Sherpas Scherze zu machen. Ich war schlichtweg sprachlos, vor so viel Kraft und Zähigkeit.

Endlich setzten wir uns in Bewegung. Wir mussten ein ganzes Stück wieder zurück zum zweiten See laufen. Mittlerweile kannte ich jeden Stein. Plötzlich brach die Sonne hervor und verzauberte den mausgrau daliegenden See in ein smaragdgrünes Juwel. Die Nebelwolken verzogen sich und es versprach, ein wunderbarer Tag zu werden. Die Sonnenstrahlen hoben unsere Stimmung.

Wir kamen an eine unscheinbare Weggabelung, die uns ohne unsere Führer nicht aufgefallen wäre. Links bog ein schmaler Pfad ab und schlängelte sich einen Bergkamm hinauf. Oben angekommen machten wir Halt. Da lag das riesige bizarre Geröllfeld des Gletschers, so wie ich es gestern Abend schon gesehen hatte. Trotz des Morgenlichts sah es immer noch faszinierend gespenstisch aus. Ein kleiner Pfad war zwischen dem aufgetürmten Geröll zu erkennen. Diesen sollten wir gehen. Mich schauderte ein wenig die Vorstellung, dass der Weg auf einer sich stetig unkontrolliert bewegenden Masse aus Eis und Fels befand. Jedenfalls hatten wir eine wunderbare Rundumsicht. Mittlerweile befanden wir uns auf einer Höhe von ca. 4800 Metern. Das Licht war eigentümlich fluoreszierend. Das Blau des Himmels erschien unwirklich tief, wie ein umgestülpter Ozean. Es tauchte die Berge in ein flimmernd blaues Licht. Wir konnten uns kaum satt sehen. Dann stiegen wir ab, hinunter ins Geröll. Der Weg durch den Gletscher hatte Ähnlichkeit mit einem Steinbruch. Fasziniert registrierte ich die verschiedenen Gesteinsarten. Ich konnte mein Verlangen nicht unterdrücken, besonders schöne Exemplare in verschiedener Beschaffenheit mitzunehmen. Sehr zur Belustigung von Denis, denn ich war drauf und dran, den kompletten Gletscher in meinen Rucksack zu verladen. Der Weg, dem wir folgten, war nahezu unsichtbar. Man erkannte ihn nur durch scheinbar oft betretene Steine. Wir wankten und kletterten und hatten Spaß und Mühe zugleich. Manche Steine waren kippelig. Neben dem Weg, ein paar hundert Meter tiefer, lagen kleine Gletscherseen, mintgrün im Sonnenlicht schimmernd. Ihre Oberfläche war mit einer Eisschicht überzogen. Auf einmal erreichten wir ein blendend weißes, glitzerndes Feld. Im ersten Augenblick dachte ich es wäre Schnee. Nein, es war feinster, schillernder Quarz-Sand. Wir benahmen uns wie Kinder, jonglierten mit Steinchen, buddelten und spielten mit diesem wunderbaren Sand. Es war, als wären wir am Strand, fehlte nur noch das Meer. Doch der majestätische Anblick des Cho Oyu und das wild zerfurchte Geröllfeld, erinnerten uns überdeutlich daran, wo wir uns befanden.

Nach ungefähr einer Stunde hatten wir den Gletscher durchquert und stiegen einen sehr steilen Weg empor, um ihn auf der anderen Seite wieder hinabzuklettern. Das Landschaftsbild veränderte sich gänzlich. Ein flach auslaufendes Hochtal lag vor uns. Niedrige braune Büsche, Gräser, Felsen und ein flach fließender Bach gaben dem ganzen das Erscheinungsbild eines schottischen Hochmoors. Das Tal trat aus zwei schroffen, steil aufragenden Felswänden heraus. Hier lag das Dorf Dragnag auf einer Höhe von 4900 Metern, unsere Endstation des Tages, nur aus zwei einfachen Steinhäusern bestehend. Dieser Name erinnerte mich an Drachen-Sagen. Ob es hier vielleicht Höhlen gab? Die Felswände ragten steil und grau empor. Plötzlich entdeckte ich ein paar hundert Meter über dem Dorf an einer Steilwand Gebetsfahnen. Was war dort oben? Ein Schrein oder gar eine Meditationshöhle? Ich wollte es wissen und machte ich mich auf Entdeckungstour. Ich folgte einem ausgetretenen Trampelpfad. Der steile Aufstieg brachte mich ganz schön ins Schnaufen, doch meine Neugier trieb mich an und so erreichte ich schnell mein Ziel. Dort, auf einem Felsvorsprung stand ein Steinhäuschen. Mein Herz schlug bis zum Hals. Das Dach fehlte, es schien verlassen. Vorsichtig und leise näherte ich mich. Das Häuschen war an den Felsen gebaut und bestand aus zwei separaten Räumen. In einem waren noch die Feuerstelle und die Schreinfächer zu erkennen. Manitafeln zierten die Fächer immer noch. Dies muß einmal eine Einsiedelei gewesen sein. Wer auch immer hier gelebt hat, wollte sich in Ruhe intensiv seiner Meditationspraxis widmen. Ich fand einen weiteren Raum im Schutze eines Felsvorsprungs. Manisteine standen auf einer Art Altar. Plötzlich hörte ich einen gellenden Pfiff. Ich schaute runter. Pasang stand im Tal und deutete mir an, herunter zu kommen, es würde Mittagessen geben. Ich hatte meinen Entschluß gefaßt.

Meine Entdeckung lies mich nicht mehr los. Seit Tagen hatte ich nicht ein Mal in Ruhe praktizieren können. Nach dem Mittagessen packte ich meinen Rucksack, sagte Denis Bescheid und machte mich erneut an den Aufstieg zur Einsiedelei. Ich wollte den Nachmittag dort verbringen und ein kleines Meditations-Retreat einschieben.

Oben angekommen suchte ich mir einen guten Platz. Ich wollte nicht in das Haus ziehen, um durch meine Anwesenheit nicht die Energie des Platzes zu stören. Darum richtete ich mich auf einem Felsvorsprung unterhalb des Altars ein. So hatte ich den Altar über meinem Kopf, die Felswand in meinem Rücken und einen freien Blick über das Tal. Ich hatte sogar noch den Rest eines Räucherstäbchens gefunden, das ich nun entzündete. Als ich endlich saß und zur Ruhe gekommen war, bemerkte ich erst, wie frei der Blick, von dieser Position aus, in einer unendlichen Weite schweifen konnte. Der Wind spielte in meinem Haar. Stille breitete sich aus und ich vertiefte mich in meine Praxis. Raben spielten in der Luft. Ein kleiner Vogel landete neben mir und schaute mich an. Er fing an zu zwitschern. Was mich faszinierte: Er flog nicht weg und zeigte keine Furcht. Auch die Raben ließen sich neben mir nieder. Einer krächzte mich an und es schien mir, als wolle er mir etwas sagen, doch so sehr ich mich anstrengte, ich konnte ihn nicht verstehen. Ich verbrachte den Nachmittag in Meditation. Die Anwesenheit der Vögel gab mir das Gefühl, im Grunde nicht getrennt von den Dingen und Lebewesen zu sein, sondern ein Teil des Gesamten. Ich wurde zu dem kleinen Vogel, der ein fremdes Wesen dort in einer Nische sitzen sieht und, hin und her gerissen zwischen Furcht und Neugier, die Neugier siegen läßt und versucht, mit diesem Wesen zu kommunizieren. Für einen Moment verstand ich, dass die Furcht, die wir erleben, die gleiche Furcht ist, die allen Lebewesen innewohnt. Damit löste sie sich auf und ich hatte das Gefühl durch diesen kleinen Vogel in jedes Lebewesen eintauchen zu können und seine Furcht als meine eigene und gleichzeitig universelle Furcht zu fühlen. Es wurde auf einmal alles unendlich. So wie sich das Tal unter mir ausbreitete und dem Blick unendlichen Raum gab, so breitete sich Mitgefühl, das Mitfühlen und Erkennen dieser Furcht, in meinem Herzen aus und schien unendlich zu werden.

Nebel zog vom Tal herauf. Er hatte schon die Felsen erreicht. Ohne die starken Sonnenstrahlen kühlte sich die Luft sofort extrem ab. Es war Zeit, abzusteigen, so lange der Weg noch sichtbar war. Kurze Zeit später hatte ich meine Sachen wieder zusammengepackt, den Platz aufgeräumt und eine Gebetsfahne an den Mast gehängt. Dann machte ich mich wieder an den Abstieg.

Es war so kalt geworden, dass mir überhaupt nicht mehr warm wurde. Im Camp angekommen hatte ich mir mehrere warme Schichten übereinander angezogen, doch die feuchte Kälte kroch in jeden Knochen. Nach dem Tee ging ich mit meiner Trinkflasche, gefüllt mit heißem Wasser, in meinen Schlafsack. Es war deprimierend, den restlichen Tag im Schlafsack zu verbringen, aber es war der einzige Ort, an dem man sich wärmen konnte. Ich hatte kein Buch zum Lesen und auch das Tagebuchschreiben war keine stundenlange Beschäftigung. Das englische Buch, das mir Denis geliehen hatte, war aus Versehen in meinem Rucksack voll Tee gelaufen, durch die Kälte dann zu einem Brikett gefroren und nicht mehr blätterbar. So lag ich da und versuchte zu schlafen. Das erste Mal breitete sich Lageweile aus. Meine Füße waren eiskalt und machten auch keine Anstalten, warm zu werden. Ich zog alles an, was ich an Notgepäck dabei hatte und verließ das Zelt, um mir Bewegung zu verschaffen. Der Nebel war so dicht geworden, dass man keinen Schritt weit mehr sehen konnte. Ich hörte Stimmen im weißen Nichts. Am Bach angekommen folgte ich seinem Verlauf. Es war naß, immer noch kalt und auch ein wenig unheimlich im Nebel. Nicht viel später kehrte ich auch schon um. Mir war immer noch kalt. Die anderen standen vor der Küche zusammen, tappten vor Kälte von einem Fuß auf den anderen und unterhielten sich. Doch auch der zäheste Nachmittag geht irgendwann einmal um. Endlich gab es eine heiße Suppe zum Abendessen, die uns alle wieder auftaute.

Ein schwerer Aufstieg

9. Trekking-Tag
von Dragnag nach Dzonglha

Ich war gerade in einen festen Schlaf gefallen, als ich unerwartet durch Dandy mit seinem obligatorischen „Good morning, Tea!" aus einem beginnenden Traum gerissen wurde. Es war stockfinster und ohne meine Brille sah ich die Hand vor Augen nicht. Es war mir unmöglich, mich zu bewegen. Ich war gefesselt. Irgendwie hatte sich mein Schlafsackinlay so ungünstig verdreht, dass ich schon die ganze Nacht damit gekämpft und gerade erschöpft aufgegeben hatte. Unter Fluchen fand ich mit der Stirnlampe endlich meine Brille und öffnete das Zelt. Ein Schwall eiskalte Luft schlug mir entgegen und ich verbrannte mir fast meine Finger an den heißen Blechtassen, die Dandy mir hereinreichte. Ich stellte sie ab und ließ mich wieder rückwärts in meine Schlafposition fallen. Warum holte ich eigentlich immer die Tassen rein? Es mußte so um die vier Uhr gewesen sein, definitiv zu früh für mich. Denis bewegte sich keinen Zentimeter. Meine Nase lief. Das hatte mir gerade noch gefehlt, ich bekam eine Erkältung. Gerade bewegte ich mich wieder zwischen Traum und Wirklichkeit, als meine Disziplin siegte und ich mich aufsetzte. Ich stupste Denis an, der sich dann unwillig bewegte. Ein pelziger Geschmack lag mir auf der Zunge. Ich hatte in der Nacht geschwitzt. Was würde ich jetzt für eine heiße Dusche geben. Heute wird es noch nicht einmal Waschwasser geben, da es um diese Uhrzeit zum Waschen viel zu kalt war. Also mußte das Deo wieder die Dusche ersetzen. So sehr sehnte ich mich nach irgendetwas Wohlriechendem. Ich zog mir meine Trekking-Hose über meine Fleece-

Hose, packte meine Sachen ein und wagte mich aus dem Zelt. Es war immer noch Nacht, Sterne standen funkelnd am Himmel und nahezu jedes Sternbild war zu erkennen. Aus dem Teezelt schien Licht. Also wanderte ich dort hin, dick eingepackt in meiner Daunenjacke mit Mütze, Schal und Handschuhen. Der Lichtkegel meiner Stirnlampe bewahrte mich gerade noch davor über eines der Zelt-Spannseile zu stolpern. Seit Tagen bewegte ich mich mit einer Tollpatschigkeit, die ich in keiner Weise von mir gewohnt war. Mir fiel alles aus den Händen, machte alles kaputt was ich zwischen die Finger bekam, vergaß ständig überall meine Sachen und hatte in manchen Situationen ein wahres Brett vorm Kopf. Schien wohl die Höhe zu sein, sehr zur Belustigung der kompletten Gruppe, die mittlerweile ihre Späßchen mit mir trieben. Beim Frühstück sagte keiner einen Ton. Wir froren und schliefen immer noch, trotz Müsli im Mund.

Später als geplant setzten wir uns endlich in Bewegung. Die Sterne immer noch klar am Himmel, wurde es langsam heller. Vor uns lag die Überquerung des 5400 Meter hohen Chola-Passes, bei möglichst besten Witterungsverhältnissen. Je schneller wir den Pass erreichten, umso bessere Bedingungen würden wir vor finden. Ansonsten könnte der durch die Mittagssonne angetaute Schnee unseren Abstieg in eine Rutschpartie verwandeln und der nachmittäglich aufziehende Nebel den Abstieg erschweren.

Schweigend, einen Fuß vor den anderen setzend, bewegten wir uns als kleine Karawane das Tal hinauf. Gemächlich stieg der Weg an, gesäumt von großen weißen Felsen. Wind und Wetter hatten sie abgerundet. Pitt hatte vor Kälte kein Gefühl mehr in seinen Fingern und so gab ich ihm meine Handschuhe. Durch den Anstieg wurde es endlich wärmer. Ich schaute zurück. Das Tal lag noch im Dunkeln, doch die Sonne glühte bereits auf den ersten Schneegipfeln. Noch liefen wir im Schatten der Berge, aber vor uns, ein paar Meter entfernt, wärmte die Sonne bereits die Steine auf dem Weg. Wir sehnten uns nach ihren Strahlen und zählten die Schritte bis wir uns endlich in ihrer wohltuenden Wärme badeten.

Plötzlich ließ mich eine Bewegung im Augenwinkel aufschrecken. Ein riesiger brauner Vogel breitete seine Schwingen aus und erhob sich majestätisch in die Lüfte. Ein Adler. Er hatte genau neben dem Weg gesessen und wir hatten ihn wohl in seiner Ruhe gestört. Es war unglaublich. In meinem ganzen Leben hatte ich noch nie so einen riesigen Vogel gesehen. Fasziniert hielten wir inne und schauten ihm nach, bis er hinter einem Bergkamm verschwand.

Uns wurde in der Sonne schnell warm. Immer wieder hatten wir in Abständen von 20 Minuten Trinkpausen eingeschoben, um einer Dehydrierung vorzubeugen und um das Risiko der Höhenkrankheit zu minimieren. In großen Höhen wird die Luft trockener, der Körper dünstet über die Atemwege mehr Flüssigkeit aus, ebenso verliert er besonders durchs Schwitzen Wasser, das man ihm kontinuierlich zuführen muß, um die Leistungsfähigkeit des sowieso schon strapazierten Körpers zu erhalten. Sportler kennen das Problem des Leistungsabfalls durch Mineral- und Flüssigkeitsmangel. Man sollte in großen Höhen pro Tag mindestens 5 Liter Flüssigkeit zu sich nehmen. Durch die Kälte vergißt man es gerne und so ist es notwendig, dass man sich gegenseitig in der Gruppe zum Trinken anregt.

Wir erreichten den Bergkamm. Vor uns lag ein grünes, weich geschwungenes Tal, welches sehr tief wieder hinab ging. Genau gegenüber sahen wir in einiger Entfernung im Miniaturformat den Chola-Pass, noch schlafend im Schatten liegend. Ein steiles Stück Arbeit schien da auf uns zu zukommen. Doch vorher mussten wir erst einmal wieder ins Tal absteigen und es durchqueren. Weiße, riesige Felsbrocken lagen im ganzen Tal verstreut. Uns umgab solch eine Stille, wie ich sie noch nirgendwo erlebt hatte. Noch nicht einmal ein Vogel durchzog den blauen Himmel, kein Yakglöckchen machte die Stille hörbar. Es war ein riesengroßes Nichts, wie ein Vakuum.

Wir erreichten den Fuß des Berges, den wir überqueren wollten, und hier wurde uns langsam das Ausmaß unseres irrationalen Vorhabens bewußt. Vor uns türmte sich eine riesige Geröll- und Felswand auf. Auf einer Höhe von über 5000 Metern alles andere als ein Spaziergang im Klettergarten. Keiner sprach mehr ein Wort. Unser Pfad verlor sich in den wirren Steinformationen. Riesige Felsbrocken, willkürlich übereinander geschichtet, versperrten uns den Weg. Schweigend arbeiteten wir uns voran, jeder in seinem Tempo. Mein Atem ging schwer und ich hatte schon am Anfang das Gefühl körperlich völlig am Ende zu sein. Mein Lungenvolumen schien nicht auszureichen, um meine Muskeln mit genügend Sauerstoff zu versorgen. Das Klicken von Fraukes Teleskopstöcken zerrte an meinen Nerven. Sie rutschte oft ab und fand keinen Halt. Zweimal entging ich nur ganz knapp ihrer Spitze, die haarscharf an meinem linken Auge vorbei sauste. Ich hielt den Kopf gesenkt, konzentrierte mich jeweils auf meinen nächsten Schritt, von einem Stein zum anderen. Die Steigung nahm zu und ich mußte meine Hände zu Hilfe nehmen. Kühl und rauh glitt der Stein durch meine Hände. Meine Lunge schmerzte und meine Kraft schwand mit jedem Schritt. Mir wurde schwarz vor Augen und ich mußte einen Augenblick stehenbleiben. Sternchen begleiteten meinen Blick, meine Schritte wurden kraftlos und unsicher. Ich ärgerte mich über mich selbst. Jeder Schritt, jeder Griff mußte einfach sitzen. Ich war am Ende mit meinen Kräften und meine Pausen zwischendurch wurden immer länger. Ich wollte nur noch sitzenbleiben. Am liebsten wäre ich umgekehrt. Doch es blieb keine andere Möglichkeit, als über diesen Paß zu klettern. So setzte ich mich wieder in Bewegung. Ich rang mit meinen Tränen. Ein Kloß saß in meiner Kehle fest und hinderte mich am Atmen. Das brachte mich auch nicht weiter. Ich versuchte mich zu entspannen. Die Pausen hielt ich, entgegen jedes Verlangen, so kurz wie möglich. Je mehr Zeit ich noch in dieser Wand verschwendete, umso mehr Kraft würde ich verlieren. Plötzlich hörte ich ein Geräusch über mir und sah gerade noch, wie ein paar Steine mit einer rasender Geschwindigkeit genau auf mich zu kamen. Ich drückte mich an einen Felsbrocken, die Steine rauschten an mir vorüber und blieben weiter unten liegen. Nichts passiert. Das hatte mir gerade noch gefehlt. Vorsichtig kam ich aus meinem Schutz. Ein Trekker tauchte vor mir auf und entschuldigte sich. Er war der Verursacher des Steinschlags gewesen, den er bei seinem übereilten Abstieg aus Versehen losgetreten hatte.

Mich quälten Hunger und Durst. Meine Wasserflasche war schon leer. Ich schaute nach oben. Da lag der Paß. Es war nicht mehr weit, vielleicht noch 50 Meter. Schritt für Schritt, Fels für Fels zwang ich meinen Körper weiter. Ich sah, wie Pitt und Frauke den Pass erreichten, dicht gefolgt von Denis, der mich vor gut zwei Stunden schon überholt hatte. Hinter mir gingen Evi und Michael. Jeder von uns kämpfte seinen persönlichen Kampf. Doch wer war der Gegner? War es der Berg oder kämpften wir gegen uns selbst? Erst im Nachhinein wurde mir klar, dass ich nicht gegen den Berg kämpfte. Es war mein persönlicher, innerer Kampf gegen mich. Ich erfüllte meine Erwartung an mich und meinen Körper nicht. Ich hatte erwartet, dass mein Körper einfach funktioniert, wie ein Gebrauchsgegenstand, denn ich war ja schließlich Sportlerin und hatte mich gut vorbereitet. Ich vergaß, dass auch mein Körper seinen Rhythmus hat und dass sein Dirigent der Geist ist. Nur wenn alles im Einklang miteinander arbeitet und man den individuellen Tagesrhythmus des Körpers respektiert, lebt man im Gleichklang mit der Natur. Dann erst lässt sich ein Berg besteigen. Es ist nicht der Berg, der uns nicht will, es sind wir selbst, die wir uns nicht wollen.

Mich trennten nur noch wenige Schritte vom Ziel. Frauke und Denis feuerten mich an. Mit allerletzter Kraft erreichte ich den Paß. Am Ende meiner Kräfte angelangt, ließ ich mich auf den Schnee sinken.

Als ich wieder aufblickte sah ich zum ersten Mal diese atemberaubende Schönheit, die uns hier oben umgab. Mein Auge strich über das Dach der Welt. Unter uns, am Fuße des Passes lag das unwirklich grüne Wiesen-Tal im Kontrast zu der kargen Felslandschaft. Über allem wölbte sich der azurblaue Himmel. Bunte Gebetsfahnen flatterten im Wind. Sie waren von Stein zu Stein gespannt und gaben ihre Gebete dem Wind mit auf den Weg, der sie davon trug, zum Wohle aller Wesen. Als Dank an die Buddhas knüpfte ich eine Gebetsfahne an den, aus vielen kleinen und großen Steinen aufgeschichteten Tschörten, der schon reichlich mit Gebetsfahnen und Geldscheinen geschmückt war.

Im Tibetischen heißen die bunten Fahnen „Lungta", das bedeutet „Windpferd". Mit jedem Flattern der Fahne galoppieren die im Text aufgedruckten Pferde in den Wind hinaus und tragen die Gebete in die Welt, um das Wohl aller fühlenden Wesen zu fördern.

Ein Stück die Felsen hinauf saß ein dick vermummter Maler und hielt das Tal in seinem Bild fest. Ich drehte mich um, da lag der Gletscher. Nach einer kurzen Verschnaufpause trieb uns Pasang zur Eile an. Je länger wir hier ausharrten, umso matschiger würde der Schnee werden und umso schwieriger würde unser Abstieg. Also machten wir uns auf die Socken, nicht ohne noch ein Gruppen-Gletscher-Foto gemacht zu haben.

Ein Trampelpfad im Schnee zeigte die begehbare Stelle des Gletschers an. Jedoch war der Pfad tatsächlich schon so aufgeweicht, dass es sicherer war, im unberührten Schnee daneben zu laufen. Die kleinen Eiskristalle glitzerten in der Sonne. Wir verließen den Schnee und stiegen eine rutschige, vom Schmelzwasser aufgeweichte Stelle hinunter. Dandy gab uns Hilfestellung, damit wir nicht auf unserem Hosenboden landeten. Wir erreichten eine exponierte Stelle aus rotfarbenem Gestein. Der Wind pfiff uns um die Ohren, doch der Blick der sich uns bot, ließ uns die Kälte vergessen. Vor uns ragte auf der rechten Seite der Cholotse in seiner gigantischen Größe auf. Steil und schroff bildete er sich aus gleichmäßigen Triangeln. Seine Flanken waren Schneebedeckt und man konnte erkennen, wo schon Schneebretter in die Tiefe gedonnert waren. Ich fragte mich, wie es möglich sein konnte, jemals einen solchen Berg zu besteigen. Er schien so unbezwingbar, so majestätisch und wunderschön. Im Tal, tief zwischen den Felsen eingegraben, am Fuße des Berges, ruhte ein türkisblauer See. Zerrissene Wolkenfäden stiegen durch die Thermik an der Cholotsewand empor. Ein Zeichen für einen Wetterwechsel, Nebel würde aufziehen.

An dieser wunderschönen Stelle machten wir uns heißhungrig über unsere Lunchpakete her. Gekochte Eier, Kekse, Schmalzgebäck und ein Apfel waren unser dürftiges Mittagessen. Nach dieser kleinen Stärkung ging es weiter. Der Abstieg führte uns über scharfkantige Felsformationen, die teilweise so hoch waren, dass ich mich auf den Hosenboden setzen mußte, um leichter von ihnen herabzurutschen. Es war eine Kletterpartie genau nach meinem Geschmack. Wir kletterten, sprangen, liefen und hangelten uns über die Felsbrocken nach unten. Nach eineinhalb Stunden erreichten wir das weitläufige, flache Tal. Es war relativ feucht, ein Fluß begleitete unseren Weg, der sich sanft über die Wiese schlängelte. Ich blickte zurück und stellte erstaunt fest, dass von unserem gerade noch begangenen Kletter-Pfad nichts mehr zu sehen war. Es ragte eine graue glatte Felswand empor. Es war, als wäre hinter uns eine Tür ins Schloß gefallen und unsichtbar mit der Wand verschmolzen.

Alle waren wir unendlich müde. Wie kleine Kinder löcherten wir unseren Sirdar, wie lange es noch bis zu unserem Lager war. Er vertröstete uns eine um die andere halbe Stunde. Wir erbaten eine Pause und ließen uns ins Gras fallen. In der lautlosen Stille hörten wir Schnaufen. Plötzlich kam eine Yakfamilie hinter einem Felsen hervor. Sie blieben stehen, bewegten sich nicht. Es war ein gegenseitiges Taxieren. Wir wußten nicht, was wir von ihnen zu erwarten hatten und umgekehrt. Keiner sagte einen Ton, wir verharrten in unserer Bewegung, um sie nicht zu erschrecken. Langsam und vorsichtig setzten sich die Yaks wieder in Bewegung.

Nachdem die Familie an uns vorüber gezogen war, setzten auch wir uns in Bewegung. Hinter einer Biegung erblickten wir endlich die rauchenden Häuser von Dzonglha. Diese Aussicht beschleunigte unsere Schritte. Zu unserer Verwirrung führte Pasang uns allerdings wieder aus dem Dorf hinaus, doch da sahen wir auch schon unsere gelben Kuppel-Zelte. Neben uns ragte die gigantische Cholotse-Wand auf. Man hätte nur über die Wiese gehen müssen, um sie zu berühren, so nah waren wir ihr heute gekommen. Um den Gipfel sehen zu können, mußte ich meinen Kopf in den Nacken legen. Die Sonne schien in mein Gesicht und ließ den Gipfel flimmern.

Im Lager angekommen ließen wir uns einfach auf eine ausgelegte Iso-Matte fallen. Völlig erschöpft lagen wir wie die Ölsardinen in der Sonne. Keiner bewegte sich auch nur noch einen Zentimeter. Dandy versorgte uns mit Tee und Keksen. Unmittelbar danach fiel ich in einen leichten Schlaf. Plötzliche Kälte ließ mich erwachen. Wolken hatten sich vor die Sonne geschoben. Ich entschloß mich, ins Zelt zu gehen. Dort lag auch schon Denis, ausgestreckt auf dem Bauch, schnarchend. Ich hatte Hunger und so aß ich die letzten Glukose-Biskuits auf, die ich noch in meinem Rucksack hatte. Zum Glück gab es schon sehr früh Abendessen. Wir waren alle völlig erschöpft. Gute acht Stunden waren wir heute unterwegs gewesen, viereinhalb Stunden davon hatten wir alleine damit zugebracht, die Geröllwand hoch zum Pass zu durchklettern.

Früh verabschiedeten sich alle, um zu Bett zu gehen. Über uns breitete die Nacht ihren funkelnden Sternenmantel aus und begleitete unseren Geist ins Traumland.

Landbahn von Lukla

Therassenfelder auf dem Weg nach Phakding

Aufstieg nach Namche Bazar

Auf dem Weg nach Khumjung

Blick auf die Ama Dablam

Aufstieg nach Gokyo

Gletscherseen des Ngozumba-Gletschers (Gokyo)

Aufstieg zum Chola-Pass

Blick auf den Everest vom Kala Pattar aus

Ausblick vom Kala Pattar auf den Khumbu-Gletscher

Everest-Memorials

Everest-Memorials mit Pumori im Hintergrund

Mani-Tafeln

Steinmännchen

Stupa von Dingboche

Ama Dablam

Im Zwischenlager

10. Trekking-Tag
von Dzonglha nach Lobuche

Ich rollte mich noch mal auf die andere Seite. Die ganze Nacht über hatte ich mit meinen Rippen auf einem hervorstehenden Stein geschlafen, der sich durch die Isomatte drückte. Zwar hatte ich versucht, meinen Körper um den Stein herum zu legen, doch so ganz hatte es nicht funktioniert. Es war schon hell. Die gelbe Farbe unserer Zeltplane ließ mich fast immer vermuten, dass die Sonne schien. Denis bewegte sich noch nicht. Er lag dick eingemummelt in seinem Schlafsack. Sein Gesicht war nicht zu erkennen, nur seine grüne Pudelmütze lugte hervor. Er hatte tatsächlich mit Mütze geschlafen. Ich mußte grinsen. Ich hatte keine Ahnung, wie viel Uhr es war, aber es schien mir schon viel später als halb sieben zu sein. Anscheinend wollte man uns heute noch etwas länger schlafen lassen, nach dem gestrigen Tag. Ich konnte aber nicht mehr schlafen und war richtig froh, als ich endlich das metallene aneinander Schlagen der Blechtassen hörte und Dandy mit dem Morgentee über die Wiese zu unseren Zelten kam.

Ich holte die Tassen ins Zelt und wir packten wieder einmal unsere Sachen zusammen, was sehr schnell ging, denn wir lebten ja immer noch mit unserem Notgepäck. Heute sollten wir aber in Lobuche wieder auf unsere Yaks treffen, die mit unserem restlichen Gepäck die letzten Tage spazieren gelaufen waren.

Ich absolvierte meine Katzenwäsche in dem wohl schönsten und größten Badezimmer der Welt. Über mir breitete sich der sonnendurchflutete, tiefblaue Himmel aus, als ich mich in der Eiseskälte über meine kleine

Blechschüssel mit warmem Wasser beugte. Ich wusch mir schnell noch durch meine kurzen Haare, mit dem Ergebnis, dass mir das Seifenwasser in die Augen lief. Der eiskalte Wind gefror meine Haare sofort zu Eiszapfen. Aber ich fühlte mich erfrischt.

Nach einem ausgiebigen Frühstück machten wir uns langsam alle wieder auf den Weg. Die Crew hatte unsere Zelte während des Frühstücks abgebaut und wieder auf ihre Rucksäcke gebunden. Die Sonne wärmte schon extrem stark und wir genossen sie nach der strengen Kälte der Nacht. Ein paar von uns hatten am Abend vorher über Kopfschmerzen geklagt. Evi hatte es besonders stark erwischt und hatte sich, trotz Schmerzmittel, nur unter größter Vorsicht bewegt. Doch am Morgen ging es allen wieder gut. Heute lag ein gemütlicher Weg vor uns, mit keinen nennenswerten Steigungen. Wir befanden uns auf 4800 Höhenmetern und Lobuche lag gerade mal 100 Meter höher.

Ein sanfter Weg schlängelte sich an den grasbewachsenen Hängen entlang. Rechts von unserem Weg fiel der Berg steil in eine tiefe Schlucht ab, auf deren Grund der Gletschersee am Fuße des Cholotse im Sonnenlicht wie ein Smaragd leuchtete. Nach einer Wegbiegung machten wir eine kurze Rast und genossen den vertrauten Anblick der Ama Dablam, der uns schon am Anfang unserer Tour begleitet hatte. Der Duft von Feuer stieg mir in die Nase und ich wand meinen Blick. Eine Gruppe von Trägern in abgerissener Kleidung hatte Reisig zusammengesammelt und sich daraus neben dem Weg ein Feuerchen entzündet. Ich sah ihnen zu, wie sie in einem großen verrußten Blechtopf eifrig eine Art zähen Brei anrührten. Sie bereiteten sich ihr Frühstück aus Tsampa, geröstetem Gerstenmehl, zu. Sherpas kennen für gewöhnlich nur zwei Malzeiten am Tag. So beginnen sie ihren Tag häufig nur mit einer Tasse Tee. Gegen elf

Uhr morgens allerdings gibt es dann ein kräftiges Frühstück, welches aus Tsampa vermischt mit Wasser und traditionellem Buttertee besteht, oder, wenn die Zutaten und die Zeit zum Kochen vorhanden sind, auch aus dem traditionellen Dahl Bat, bestehend aus schwarzen Bohnen, Reis und ein bißchen Gemüsecurry. Diese Gerichte sind an keine Tageszeit gebunden und werden am Morgen wie auch am Abend gegessen. Vor dem Schlafengehen wird noch mal zu Abend gegessen, um dann mit gefülltem Magen ins Bett zu gehen.

Pasang verließ uns hier und lief wie eine Bergziege den holprigen mit kleinen Büschen übersäten Hang ins Tal hinunter. Er wollte zu den Yaks stoßen, um sie sicher ins Lager nach Lobuche zu bringen. Wir setzten unseren Weg fort. Edelweiß stand am Weg.

Wir betraten das Khumbutal, das Tal, an dessen Ende sich der höchste Berg der Welt befindet, der Mt. Everest. Von hier aus konnten wir schon ganz entfernt den Kala Pattar erkennen, der Aussichtsberg, den wir morgen besteigen wollten. Im Gegensatz zum Pumori im Hintergrund, machte der Kala Pattar eher den Eindruck eines lächerlich anmutenden, kleinen, schwarzen Steinhügels, den zu besteigen es nicht wirklich großer Anstrengung bedarf – dachten wir.

Der Weg zog sich durch ein immer steiniger und flacher werdenendes Hochtal. Es war ein Flussbett, in dessen Mitte sich ein flaches Bächlein mit einer dünnen Eisschicht überzogen den Weg durch die Steine bahnte. Wie unter Glas sah man das Wasser unter dem Eis gurgelnd über die Felsen fließen. Mit jedem Schritt wirbelten wir glitzernden feinen Sand auf, von vielen Schneeschmelzen ausgewaschen. Wir machten noch einmal eine kleine Trink-Pause. Der Weg war doch recht anstrengend geworden, obwohl er sich so gemächlich dahinzog. Die Höhe machte sich bemerkbar und das Atmen wurde schwerer. Jede kleine Bewegung ließ die Herzfrequenz ansteigen. Ich bekam Hunger und wir teilten unsere letzten Kekse unter uns auf. Es wurde empfindlich kühl, wenn man sich nicht bewegte. Dann kamen endlich die ersten Häuser von Lobuche in Sicht. Rauch stieg aus den Schornsteinen auf und eifrige Klopf- und Sägegeräusche waren zu hören. Eine neue Lodge wurde gebaut.

In Lobuche herrschte reges Treiben. Trekker in ihren bunten Goretex-Jacken und Teleskopstöcken liefen überall herum. Im Fluß lagen bunte Plastikabfälle über denen ein Schild prangte: „Respect your Drinking-Water!" Ein kleines Mädchen wusch ihre Wäsche auf einem Stein und ein Yak stand daneben und soff. Von weitem plärrte ein nepalesischer Pop-Song aus einem Transistor-Radio. Wir durchquerten diesen Ort und es kam mir vor, als wären wir von einem anderen Stern. Dandy führte uns ein Stück weiter aus dem Ort heraus einen Hügel hoch. Der Lärm verebbte. Nennt man so etwas Fortschritt? Ich schämte mich, zu der Gattung der Trekker zu gehören, die diese Art von Fortschritt in ein vorher ökologisch ausgewogenes Land gebracht hatten.

Plötzlich holten mich vertraute Geräusche aus meiner Versunkenheit. Hinter dem Bergkamm erschien ein wolliger Yakkopf. Durch Schnalzen und Rufen angetrieben schoben sich die anderen beiden hinterher und kamen dicht gefolgt von Pasang und unserem Yaktreiber über den Hügel. Mit lauten Rufen begrüßten wir ihre Ankunft. Pasang grinste von einem Ohr zum anderen. Seine weißen Zähne blitzen im Kontrast zu seinem dunklen Gesicht. Schnell standen alle Zelte und unsere Küche war schon wieder in Betrieb.

Denis und ich entschieden, dass es für uns noch zu früh war, dem Nichtstun zu frönen, und machten uns auf den Weg, den nahe gelegenen Lobuche-Gletscher zu erkunden. Wir erreichten ein völlig unwegsames Geröllfeld, das wir bis zum Gletscher durchqueren mussten. Vernünftig überlegt, war diese Tour idiotisch. Wir sprangen über Geröllspalten, landeten auf wackeligen Platten und kletterten riesige Gesteinsbrocken hinauf. Es machte Spaß und wir liefen sehr schnell, trotz der mittlerweile beträchtlichen Höhe. Ich spürte das Adrenalin in meinen Adern. Denis war schneller und ich wollte mit ihm mithalten. Die Moräne bot einen gespenstischen Anblick. Dort, ein paar Hundert Meter über uns, konnten wir die Eisstalagniten des Gletschers erkennen. Die Sonne verdunkelte sich. Wir liefen weiter. Die Temperatur kühlte sich sofort um einige Grad ab und wir machten eine kurze Pause, um meine Daunenjacke aus dem Rucksack zu zerren. Besorgt betrachtete ich den Himmel. Dann trat das ein, was ich befürchtet hatte: Eine dicke Nebelwand schob sich über den Gletscher, direkt auf uns zu. Denis hatte sie auch bemerkt. Wir drehten uns um und erkannten, dass wir uns schon tief in der Steinwüste befanden. Selbst der Rückweg würde einige Zeit dauern. Vor uns lag der Gletscher, fast zum Greifen nahe, doch wir entschieden uns, umzukehren. Wir liefen mit dem Nebel um die Wette. Flink wie Bergziegen suchten sich unsere Füße den Weg. Eine Stunde später erreichten wir das Ende des Geröllfeldes. Entspannt verlangsamten wir unseren Schritt. Denis wollte sich irgendwo niederlassen, um in Ruhe sein Tagebuch weiter zu schreiben. Ich setzte mich in die gerade wieder aufgetauchte Sonne auf einen riesigen Stein und schaute hinab ins Dorf.

Zwei Männer in einheimischer Tracht kamen den schmalen Weg hoch. Ich beobachtete sie, wie sie immer wieder sammelnd in die Berghänge gingen und etwas in ihre geflochtenen Weidenkörbe auf dem Rücken schmissen. Nach einiger Zeit begriff ich, dass sie Yak-Dung einsammelten. Er wird in Fladen getrocknet und traditionell zur Befeuerung des Herdes benutzt. Es ist ein absolut natürlicher, nachwachsender Brennstoff, der keine Ressourcen schädigt, im Gegensatz zur Abholzung von Bäumen, das zu großen Schäden in den Waldgebieten des Himalayas geführt hat. Auch Nepal mußte erkennen, welche verheerenden Auswirkungen fehlende Wälder auf die Bodenerosion hat. Der zunehmende Trekking-Tourismus war nicht unerheblich Schuld an diesem katastrophalen Ausmaß, denn die Lodgebesitzer versuchten natürlich, es den Dollar bringenden Trekkern so angenehm wie möglich zu machen. Heißes Wasser für die Dusche kommt nicht einfach aus der Leitung, sondern muss erst erhitzt werden. Dazu ist Feuer notwendig. Den Brennstoff lieferten bis dahin noch die Bäume. Nun ist die Rodung der Bäume gesetzlich verboten und unterliegen einer strengen Kontrolle. Einzelne Kommunen haben mit Hilfe von Spendengeldern mit Wiederaufforstungs-Projekten begonnen und Schonungen angelegt. Das System der Holzbefeuerung ist jetzt weitestgehend durch die Solarenergie oder Kerosinöfen ersetzt worden. Auf den Dächern von Duschhäuschen befinden sich im einfachsten Fall schwarze Wassertanks, die sich am Tage durch die Sonneneinstrahlung aufheizen. Mittlerweile findet man auch vermehrt Solarzellen auf den Dächern der Lodges, um die Sonnenenergie besser zu nutzen. Als alternativer Brennstoff ist Kerosin zum Standard geworden. Der gute alte Yakfladen allerdings wird schon seit ewigen Zeiten zum Befeuern benutzt, ist in der baumlosen Zone auch nahezu das einzige Brennmaterial, und er ist völlig kostenlos zu beschaffen und somit für jede Familie, unabhängig vom Einkommen, nutzbar.

Mir wurde kalt, ich rutschte von meinem Stein herunter und ließ Denis alleine. Ich ging wieder durch Lobuche und überquerte den Fluß an der Stelle mit dem ironischen Hinweis auf die Sauberhaltung des Trinkwassers. Es waren noch mehr Trekker angekommen und sie bevölkerten Coca-Cola und Bier trinkend, in bunten lauten Rudeln die Terrassen der Lodges.

Zurück im Lager ließ ich mir heißes Wasser für meine Trinkflasche geben und wechselte meine Kleidung gegen wärmere. Die Sonne war nun endgültig verschwunden und ich verkrabbelte mich mit meiner zur Wärmflasche umfunktionierten Trinkflasche im Schlafsack, um ein bißchen Tagebuch zu schreiben. Ich döste ein. Hier, auf 4900 Metern, war es nicht mehr so einfach, ausreichend Sauerstoff im Schlaf aufzunehmen. Der natürliche Atemrhythmus reichte dafür nicht mehr aus. In dieser Höhe sinkt nicht nur die Sauerstoffsättigung der Luft, sondern auch der Luftdruck. Der verminderte Luftdruck erschwert das Füllen der Lungen mit der normalen Atmung. Ich versuchte so bewußt und tief wie möglich zu atmen, was mir natürlich das Einschlafen ein bißchen erschwerte. Seitdem wir uns in Höhen über 4000 Metern bewegten, bettete ich meinen Kopf immer erhöht. Nun war ich so weit, dass ich sogar mit meinem Oberkörper erhöht schlief, um mir das Atmen zu erleichtern. Mein Tagesrucksack leistete mir dabei gute Dienste.

Denis kam ins Zelt und weckte mich. Es war mal wieder Tea-Time. Verschlafen pellte ich mich aus meinem Schlafsack und trollte mich rüber ins Tee-Zelt. Der restliche Teil des Tages war nicht besonders aufregend. Wir liefen herum wie Eskimos, dick eingepackt in mehreren Schichten Fleece. Wie Lines von den Peanuts seine Schmusedecke überall hin mitschleppte, schleifte ich das Fleece-Inlay meines Schlafsacks mit mir herum. Selbst Pasang hatte seine üblichen Badeschlappen, die er in seiner Freizeit für gewöhnlich zu tragen pflegte, in feste Schuhe eingetauscht. Das bedeutete, es könnte noch kälter werden.

Nachts kam ich wegen der Höhe und wegen des vielen Tees, den ich am Abend getrunken hatte, in die unangenehme Lage, meinen schönen warmen Schlafsack verlassen zu müssen. Ich zögerte es so lange hinaus, bis ich wirklich keine andere Wahl mehr hatte, als endlich das Zelt zu verlassen. Bewaffnet mit Stirnlampe und Tempo-Taschentüchern stolperte ich in meinen tiefgefrorenen Bergstiefeln aus dem Zelt und sah die Hand vor Augen nicht. Wo war das Toiletten-Zelt? Wo waren die anderen Zelte? Bis vor ein paar Stunden hatten sie doch noch hier gestanden. Ich war alleine. Der Nebel hatte alles verschluckt. Der Lichtkegel meiner Stirnlampe beleuchtete den weißen Dunst und trug nicht gerade zu besseren Sichtverhältnissen bei. Ich schaltete sie aus. Meine Blase drückte und ich wußte immer noch nicht wo sich dieses verdammte Zelt befand. In meiner Not hockte ich mich kurzerhand auf die Wiese. Also warum denn eigentlich nicht? Das wir Frauen immer so einen Zirkus machen müssen und uns große Steine, Büsche oder Toiletten-Zelte suchen müssen.

Erleichtert schlief ich endlich wieder in meinen warmen Schlafsack gekuschelt ein.

Die Riesen der Welt

11. Trekking-Tag
Besteigung des Kala Pattar

„Good Morning, Tea!" riß mich die Stimme von Dandy aus meinem Traum. Ich konnte es kaum fassen. Schon wieder so früh aufstehen, es war mitten in der Nacht und noch dunkel draußen. Benommen tastete ich mich zum Zelteingang, holte die beiden Tassen Tee rein, stellte sie beiseite, legte mich wieder hin und versuchte zurück in meinen Traum zu finden. Ich schlief zwar wieder ein, landete aber in einem gänzlich anderen Traum. Denis rüttelte mich wach, drückte mir den heißen Becher Tee in die Hand und ich war einfach nur noch wütend. Die Realität sah so aus, dass ich mich wieder in diese Kälte hinaus begeben mußte, um irgendeinen Berg zu besteigen. Konnte man mich nicht einfach liegen lassen? Ich wollte nicht schon wieder mitten in der Nacht bei 20 Grad minus raus und durch die Gegend laufen. Während ich noch still vor mich hin fluchte, hatte Denis schon das Zelt verlassen und ich mußte mich beeilen, um noch pünktlich zum Frühstück zu erscheinen. Ich streckte den Kopf aus dem Zelt und suchte meine Schuhe. Eiskristalle hatten sich auf dem Leder gebildet. Das trug nicht besonders dazu bei, meine Laune zu heben. Wer steigt schon gerne in tiefgekühlte Wanderschuhe. Binnen Sekunden fühlten sich meine Zehen an wie kleine Eisklötzchen. Dick eingemummelt in Daunenjacke, Mütze, Schal und Handschuhen, meine Fleece-Decke hinter mir her schleifend, betrat ich mißmutig das Tee-Zelt. Das Wasser zum Händewaschen vor dem Zelteingang war mit einer Eisschicht überzogen, die ich zerschlug, um mir wenigstens an diesem Morgen mal die Hände zu waschen, wenn wir schon kein Waschwasser für unsere Katzenwäsche bekamen. Kaum hatte ich auch nur meine Finger in dieses Wasser gesteckt, wußte ich warum wir bei diesen Temperaturen kein Waschwasser bekamen. Meine Finger waren krebsrot vor Kälte und es tat wirklich weh. Eine Aktion für Eisbeckenfanatiker. Die komplette Mannschaft frühstückte bereits. Ich konnte keinen Tee mehr sehen und trank nur heißes Wasser. Schmeckte schön neutral.

Dann machten wir uns auf die Socken. Der Himmel war von Sternen übersäht, vom Nebel der Nacht war keine Spur mehr. Die Dämmerung hatte gerade eingesetzt als wir wie eine Karawane dick vermummter Eskimos losliefen. Dilly ging an der Spitze, Dandy holte uns nach einer Weile ein und bildete den Schluß.

Schweigend gingen wir einer hinter dem anderen. Ohne dass ich es bemerkt hatte, war die Sonne aufgegangen. Jeder Grashalm glitzerte, umhüllt von kleinen Eiskristallen. Unser Weg schlängelte sich durch eine noch tief im Schlaf liegende, eingefrorene Winterlandschaft. Wir weckten durch unsere Schritte zwei Yaks, die in ihrem dicken zotteligen Fell auf der Wiese lagen und vor sich hin träumten. Mit großen dunklen Augen schauten sie uns an, erkannten aber unsere Harmlosigkeit und dösten weiter.

Wir erreichten einen riesigen Felsbrocken der am Rand des Weges stand. Vor ihm stand ein kleiner Tschörten aus aufgeschichteten Steinen. Eine Inschrift war großen Buchstaben auf eine Felstafel gemeißelt, die in einer Art Fenster in den Tschörten eingelassen war, im Gedenken an Menschen, die auf einer Expedition zum Gipfel des Pumori ihr Leben verloren hatten. Ein Moment der Stille, ein Schaudern lief mir kurz über den Rücken.

Ich hatte Durst. Mittlerweile befanden wir uns auf ca. 5000 Höhenmetern. Wir durften das Trinken nicht vernachlässigen, auch bei der Kälte nicht. So zerrte ich, ungeschickt durch meine Handschuhe, die Wasserflasche aus meinem Rucksack. Das Wasser war für mein Empfinden kochendheiß und ich verbrannte mir meine kalten Lippen. Ich entschloß mich, die Flasche wieder zu verschließen und noch ein bißchen zu warten, bis das Wasser kühler geworden war.

Minuten später umschloß uns das Geröll des Khumbu-Gletschers, dessen Ausläufer wir auf dem Weg nach Gorak Shep durchwandern mussten. In windstillen, geschützten Mulden heizte uns die Sonne kräftig ein, doch sobald wir den Schatten erreichten, sank die Temperatur schlagartig unter die Null-Grad-Grenze. Es war nahezu unmöglich diese schnellen Temperaturschwankungen mit der Kleidung auszugleichen, denn ganz egal, was man gerade anhatte, es war entweder zu warm oder zu kalt. Wir bewegten uns ganz langsam, der Sauerstoffmangel machte sich bei uns allen bemerkbar und wir versuchten, unsere Kräfte zu sparen. Der Weg bestand aus natürlich gebildeten Felstreppen, die wir in stetigem auf und ab, mal mehr, mal weniger steil, durchwanderten. Besonders eilige Trekker, in bunten Outfits und Camel-Bag auf dem Rücken, überholten uns ungeduldig. Der Run auf den Gipfel begann wohl schon hier. Träger mit schwerer Ausrüstung kamen uns entgegen. Sie kamen gerade aus dem Everest-Basecamp. Der Mythos der Expedition wehte ihnen nach und ich versuchte mir vorzustellen, was sie bis vor kurzem noch erlebt hatten. Ob sie ihn bestiegen hatten?

Es war etwa acht Uhr morgens, als wir Gorak Shep erreichten. Der Ort, an dem es die wohl höchstgelegene und somit auch teuerste Coca-Cola im ganzen Khumbu-Gebiet gibt. Gorak Shep erwachte gerade aus seinem

Schlaf. Sherpas sortierten Gepäckstücke und verhandelten mit Trägern. Drei Yaks genossen die Wärme der Morgensonne, die auf ihre wolligen schwarzen Rücken fiel. Ihre Augen waren halb geschlossen und Atemwolken stiegen aus ihren weichen Nüstern. Es war ein sehr friedliches Bild, diese großen zotteligen Tiere so zu sehen. Hier teilte sich der Weg. Der eine führte weiter zum sagenumwobenen Everest Base-Camp und der andere auf den Gipfel des Kala Pattars.

Quer über den blendend weißen Sand eines ausgetrockneten Sees, führte uns der Weg zum Fuße des Kala Pattars, eines kleinen schwarzen Stein-Hügels, dem wir mit einem leichten Schmunzeln begegneten. Wir hatten uns alle diesen Berg in einer etwas größeren Dimension vorgestellt. Doch in Anbetracht der Tatsache, dass Gorak Shep 5200 Meter hoch liegt, bedeutet dies nur noch eine Steigung von 400 Höhenmetern für uns. Eine Kleinigkeit sozusagen. Nach Pasangs Meinung würden wir für den Aufstieg ungefähr drei Stunden benötigen. Das kam mir ein wenig übertrieben vor für diesen kleinen Hügel. Langsam, einen Fuß wieder vor den anderen setzend begannen wir mit dem Aufstieg und schon fingen wir kräftig an, zu schnaufen. War eben doch kein Spaziergang in solch Sauerstoff armer Luft. Nach einiger Zeit konnten wir unsere Schritte nicht mehr als die solchen bezeichnen, sondern vielmehr als Schrittchen, die noch nicht einmal die Länge eines ganzen Fußes hatten. Zentimeter für Zentimeter kamen wir dem Gipfel näher.

Der vorhin noch aus purem Staub bestehende Weg wurde zunehmend felsiger. Ich veränderte meine Atemfrequenz, um meinen Muskeln ausreichend Sauerstoff zur Verfügung zu stellen. Das bedeutete aber, dass ich einem völlig unnatürlichen Rhythmus folgen mußte. Und jedes Mal, wenn ich mich an diesen künstlichen Rhythmus gewöhnt hatte und meine Muskulatur ausreichend versorgt wurde, machte unsere komplette Gruppe Halt, um zu verschnaufen. Bei jedem erneuten Start kam mein wunderbar ausgeklüngeltes System wieder komplett durcheinander. Mein Körper schnappte nach Luft und mir wurde für die ersten Schritte wieder schwarz vor Augen, da mein Kreislauf den Geist aufgab. Nach einiger Zeit normalisierte es sich wieder, zwei Atemzüge kamen auf einen kleinen Schritt, mein Körper fand sich in dem neuen Rhythmus wieder zurecht und meine Muskeln taten ohne Schmerzen ihren Dienst. Genau in diesem Augenblick machten wir wieder Pause und das Spielchen begann von vorn. So ging es die ganze Zeit weiter. Es war unendlich nervig und am liebsten wäre ich in meinem Rhythmus einfach bis zum Gipfel durchgelaufen, aber es schien mir unfair gegenüber den anderen, wir waren schließlich eine Gruppe. Obwohl ich genervt war, versuchte ich geduldig zu sein. Das letzte Stück jedoch bedeutete pure Kraxelarbeit, die nur jeder für sich alleine bewältigen konnte. Dilli und Denis suchten sich schon ihren Weg durch die Felsbrocken nach oben, ich folgte ihnen auf meiner eigenen Route und in meinem Tempo. Der Gipfel war schon von einer französischen Gruppe in Beschlag genommen worden, die uns schon mehrmals über den Weg gelaufen waren. Sie schienen dort ein kleines Picknick zu veranstalten. Dann endlich, mit einem Griff um eine Felskante, zog ich mich auf einen freien Stein direkt unterhalb des Gipfels und ließ mich neben Denis und Dilli nieder. Wir hatten es geschafft. Der höchste Punkt unserer Reise war erreicht. 5600 Höhenmeter, für uns das Dach der Welt. Und dort stand er, eingerahmt zwischen Nuptse und Lhotse. Der Everest, der höchste Berg der Erde, mit seinen 8848 Höhenmetern in den tiefblauen Himmel ragend. Eine Höhe, auf der normalerweise eine Boing 737 fliegt.

Für die Nepalis sind Berge weiblicher Natur und jeder Berg ist die Wohnstätte einer Göttin. Insbesondere der Mount Everest, dem die Tibeter den Namen „Chomolungma" gaben, was übersetzt soviel heißt wie „Muttergöttin der Erde", ist nach alter Überlieferung der Wohnsitz einer wohlmeinenden Schutzgöttin. Alte Texte besagen, dass sie dem Khumbu und den benachbarten Tälern Schutz und geistige Entwicklung versprach. In der vorbuddhistischen Bön-Zeit regierten sie und ihre Schwestern, die auf den benachbarten Berggipfeln wohnten, als Dämoninnen. Sie wurden von Guru Rinpoche, auch bekannt als Padmasambhava, dem „Lotusgeborenen", der den Buddhismus in die Täler des Khumbu brachte, zum Buddhismus bekehrt und angehalten, im Sinne des heiligen Dharma (Lehre des Buddhismus), die Wesen zu beschützen.

Wie jeder Göttin sollte man ihr mit allergrößtem Respekt und Ehre entgegentreten. Diese Einstellung ist in den Bergvölkern tief verwurzelt. Darum wird man es niemals erleben, dass ein Einheimischer nicht ohne ein vorheriges symbolisches Opfer an die Berg-Göttin, verknüpft mit der Bitte um ihr Wohlwollen, einen Berg besteigt.

Die Mythenwelt der Bergvölker ist unerschöpflich und geheimnisvoll. Die überlieferten Gebräuche aus der vorbuddhistischen Bön-Zeit wurden teilweise in die Rituale des hier praktizierten tibetischen Buddhismus integriert, ohne jedoch den eigentlichen Sinn der Lehre Buddhas zu verfälschen oder die ansässigen Ortsgottheiten zornig zu stimmen. Eins geht in das andere über und stört sich in keiner Weise. Die tiefe Religiösität dieses Volkes findet ihren Ausdruck auch in der tiefen Verbundenheit zur Natur.

Fasziniert von diesem grandiosen, einmaligen Bergpanorama, versank ich in Expeditions-Geschichten, die ich schon zu Genüge und mit wachsender Faszination vor dieser Reise verschlungen hatte. Dort waren die historischen Plätze. Denis, nicht weniger fasziniert von den Geschichten der Besteigungen des Everest, und ich fachsimpelten über die einzelnen Stationen der Expeditionen, über die wir gelesen hatten. Dort war ganz deutlich der Hillary-Step zu erkennen, benannt nach Edmund Hillary, der zusammen mit seinem Freund und Sherpa Tenzin Norgay als erster 1953 den Gipfel des Everest bestieg.

Fasziniert über diesen atemberaubenden Anblick schreckte ich auf, als eine Hand meine Schulter berührte. Ich drehte mich um und griff schnell nach der hilfesuchenden Hand, die mir ein unsicherer Franzose entgegenstreckte, der gerade von der höchsten Gipfelstelle herunterklettern wollte. Die Steine waren glatt und boten nicht viel Halt. So halfen wir der Gruppe, einem nach dem anderen, hinunter und der Gipfel war frei für unseren kleinen Gipfelsturm. Ich kletterte voran und erreichte mit ein paar Griffen den nun wirklich höchsten begehbaren Punkt dieses Berges. Bunte Gebetsfahnen flatterten im Wind, aufgehängt an einem aus aufgeschichteten Felsen bestehenden Gipfelchörten. Ich zog meine Gebetsfahne aus der Tasche und mit einem Siegesschrei, gefolgt von einem kleinen Stoßgebet, knüpfte ich sie an die anderen Fahnen. Dann kamen Pitt und Frauke und verscheuchten uns von diesem Platz. Ganz in ihrem Gipfelrausch gefangen, drängten sie sich hastig, ohne uns Zeit zum Abstieg zu geben, an uns vorbei. Es ist oben nur Platz für maximal zwei Personen. Ruhig rutschten wir an Pitt und Frauke vorbei, auf einen tiefer gelegenen Felsen. Dolen spielten in der Luft und ich ließ meinen Blick in der unendlichen Weite streifen. Die massige Moräne des Khumbu-Gletschers zog sich durch das gesamte weite Tal bis nach Duglha, gesäumt von den wild gezackten, in den Himmel ragenden Ausläufern von Nuptse und Lhotse und deren dazugehörigen Gletschern. Ich weiß nicht, wie lange wir dort still bewundernd saßen. Wir konnten uns kaum losreißen, doch wir mussten uns auf den Abstieg begeben, um den Platz zu räumen für die ganzen anderen Trekker, die sich kurz vor dem Gipfel befanden. So kletterten wir vorsichtig die Felsen wieder hinunter, bis wir wieder auf den Weg gelangten. In einigem Abstand folgte uns der Rest der Gruppe. Der Abstieg war, im Gegensatz zum Aufstieg, der reinste Spaziergang. Beflügelt durch das Gipfelerlebnis sprangen wir hinunter. Uns begegneten Trekker mit kreidebleichen Gesichtern und blauen Lippen, die sich noch auf ihrem Aufstieg befanden. Wir grüßten sie und versuchten, ihnen Mut zuzusprechen, dass der Aufstieg sich zehnmal lohnen würde und dass ihre Mühe nicht umsonst sei.

Der Weg wurde immer staubiger und je schneller wir liefen, umso mehr Staub wirbelten wir auf, der sich in unseren Atemwegen breit machte. Ich band mir mein Kopftuch vor Mund und Nase wie ich es bei den Yaktreibern gesehen hatte. Hunger und Durst machten sich bemerkbar. Wir mussten noch gut eine halbe Stunde bis Gorak Shep laufen, dort erst würden wir Pause machen, um unsere Lunch-Pakete zu plündern. Endlich kamen wir am Fuße des Berges an und überquerten wieder den gleißend hellen Sand des ausgetrockneten Sees. Der Wind pfiff uns ganz schön um die Ohren und kroch in jede Ritze unserer Kleidung. Um nicht völlig auszukühlen, suchten wir einen einigermaßen windgeschützten Platz. Nun erst merkten wir, wie ausgezehrt wir waren. Hunger und Durst hatten uns sehr müde gemacht und unsere Reserven aufgebraucht. Jeder kaute halbherzig auf den Inhalten des Lunchpaketes herum, welches aus einem hartgekochten Ei, Schmalzgebäck und Keksen bestand. Es war zu trocken und zu wenig. Wir blieben weiter hungrig. Auch unsere Wasserflaschen waren schon wieder leer. Denis kam auf die Idee in der Lodge eine Mineralwasserflasche zu besorgen. Ich bat ihn um einen Schluck von diesem kostbaren Naß. Für mich war diese Art von Durst eine neue Erfahrung.

Nach diesem spärlichen Mahl, das uns alle nicht zufrieden stellte, machten wir uns auf den Rückweg. Wir gingen den ganzen Weg wieder zurück, den wir am Morgen heraufgekommen waren. Nachdem wir das Geröllfeld hinter uns gelassen hatten, ging es nur noch gerade aus. Ich wollte nur noch das Lager erreichen. Nebel zog von unten herauf und verhüllte die Sonne. Es wurde kalt und ungemütlich, meine Beine waren schwer wie Blei und meine Füße brannten. Dilli rannte vorne weg. Zum Glück hatte er ein sehr straffes Tempo angeschlagen, dass es uns erlaubte, sehr schnell vorwärts zu kommen. Ich glaube, hätten wir uns in gemächlichem Schritt bewegt, wäre ich sofort beim Laufen eingeschlafen. So schaltete ich auf Autopilot, befahl meinen Füßen, zu laufen und hoffte inständig, wir würden keine Pause einschieben, denn dann würde ich garantiert nicht mehr aufstehen. Endlich, nach einer weiteren Stunde Rennerei kam Lobuche wieder in Sicht. Wir beschleunigten noch einmal unsere Schritte und erreichten völlig erschöpft unsere Zelte. Der Tee war schon fertig. Welch eine Wohltat! Ich machte mich über Tee und Kekse her und verschwand danach ohne große Umwege in meinem Zelt. Kaum hatte ich mich in meinem Schlafsack verkrochen, fiel ich auch schon in den tiefen Schlaf der Erschöpfung. Nach drei Stunden Komaschlaf weckte mich Denis. Es war dunkel geworden und Dandy hatte vor jedem Zelt laut verkündet: „Soup ready!", was soviel bedeutete wie: „Es gibt Abendbrot!" Draußen war die Temperatur wieder in die tiefsten Minusgrade gefallen. Meine Socken, die ich eigentlich zum trocknen auf die Spannleine unseres Zeltes gehängt hatte, waren shockgefroren und drohten zu zerbrechen, sollte ich es wagen sie in diesem Zustand von der Leine zu nehmen. Die Suppe wärmte uns kräftig durch. Dann kam der Hauptgang und wie ein paar ausgehungerte Wölfe stürzten wir uns aufs Essen. Lange waren wir danach nicht mehr wach. Obwohl ich schon gut drei Stunden geschlafen hatte, verabschiedete ich mich unmittelbar nach dem Essen und verkroch mich wieder im Schlafsack. Von Ferne hörte ich noch das Grollen abgehender Lawinen und fiel in einen tiefen Schlaf.

Umkehr

12. Trekking-Tag
von Lobuche nach Dingboche

Langsam tauchte ich aus meinem Schlaf auf und japste nach Luft. Ich versuchte tief zu atmen, um ausreichend Sauerstoff in meine Lungen zu bekommen. Der Morgen dämmerte und im Küchenzelt wurde schon gearbeitet. Ich legte mich noch ein wenig höher auf meinen Rucksack und versuchte mich auf meine Atmung zu konzentrieren. Durch den Sauerstoff hatte ich nicht besonders gut geschlafen, aber ich fühlte mich trotzdem ausgeschlafen. Denis bewegte sich neben mir. Auch er war wach und fit. Wir konnten beide nicht mehr liegen und so krochen wir aus unseren Schlafsäcken, zogen uns an und begannen schon mit dem Packen, als Dandy uns den Guten-Morgen-Tee brachte. Selbst solch eine gewöhnliche Tätigkeit wie Rucksack-Packen brachte mich wieder völlig außer Atem. Ich schnaufte vor mich hin und nach einigen atemberaubenden Versuchen zwang ich mich zur Gemütlichkeit. Wir zerrten gerade unser Gepäck aus dem Zelt, als Dandy uns zwei Schüsseln mit heißem Wasser brachte. Das erste Waschwasser seit zwei Tagen. Und es war auch noch richtig heiß. Der Morgen war verdammt kalt und meine Socken hingen immer noch tiefgefroren über der Zeltleine. Plötzlich brach die Sonne hinter den Bergen hervor und verwöhnte uns mit ihrer Wärme. Voller Hingabe badete ich meine Hände und mein Gesicht in dem heißen Wasser, wusch mir auch noch mal durch die Haare. Ich konnte gar nicht genug davon bekommen. Oh, wie vermisste ich eine richtige Dusche. Meine Klamotten begannen zu riechen, dagegen half auch kein Deo mehr. Aber in zwei Tagen sollte es so weit sein. In Khumjung können wir endlich wieder duschen und unsere Sachen waschen. Bis dahin mussten wir noch ein wenig unseren Gestank ertragen.

Das Teezelt wurde schon abgebaut und so frühstückten wir in der Sonne. Langsam begannen wir, einige Annehmlichkeiten von Zuhause zu vermissen. Pitt, Denis und Michael schwärmten von ihrem ersten Bier. Ich träumte schon seit Tagen von Schokoladenkuchen mit einem cremigen Überzug aus weicher Schokolade, gefüllt mit Schokoladen-Sahne.

Das Lager wurde in großer Geschäftigkeit abgebaut und auf Yaks und Träger verteilt. Wir starteten. Ab heute begann der Rückweg. Zuerst folgten wir dem gleichen Weg zurück, den wir schon von Dzonglha aus nach Lobuche gelaufen waren. Wir durchquerten wieder Lobuche und folgten dem steinigen flachen Weg bis zum Ende des Khumbu-Tales. Der Sand glitzerte in der Sonne.

Plötzlich sahen wir sie. Aufgereiht wie an einer Perlenkette standen sie im gleißenden Gegenlicht der Sonne. Die steile Wand des Cholotse ragte in dunklem Indigo hinter ihnen auf und unterstrich noch die ehrfürchtige Stimmung. Chukpo Lare, die Memorials der zu Tode gekommenen Bergsteiger und Sherpas der Mount Everest-Expeditionen. Im Jahre 1970 wurde durch den Lama Tengboches dieser Ort ausersehen und geweiht, nachdem bei einer japanischen Expedition sechs Sherpas durch eine Lawine ums Leben gekommen sind. Aus aufeinander geschichteten Felsen erbaute kleine Schreine standen aufgereiht auf einer Anhöhe, die altarähnlich am Ende des Tales thronte. Nach der Verbrennung der Leiche wird die Asche des Verstorbenen in kleine Lehmtafeln gepresst, so genannte Tsa-Tsas, die dann zusammen mit Opfergaben, buddhistischen Texten und Weihrauch in den kleinen Schrein gelegt werden. Der genaue Inhalt richtet sich streng nach den tibetischen Schriften.

Im Gegensatz zu unseren herkömmlichen Grabmalen in Europa ist der Schrein, in diesem Fall Chö-lung genannt, ein rituelles Hilfsmittel. Der Chö-lung repräsentiert das Streben nach dem dauerhaften Zustand des Friedens, dem Nirvana. Die Grabmale werden nach buddhistischem Brauch nicht mit Namen versehen. Den reisenden Geist würde sein Name auf dem Grabmal nur verwirren und es ihm erschweren, sich von diesem Leben zu trennen und damit den Übergang in ein neues Leben behindern. Die Sherpas glauben, dass der Geist eines Verstorbenen, der ohne ein richtiges Totenritual begraben wird oder irgendwo liegen bleibt, umherwandert und Schaden anrichten kann. Insbesondere bei einem unnatürlichen Tod, der durch äußere Einwirkungen eintritt, wie Unfall oder Gewalteinwirkung. Lamas und Mönche werden gerufen, um den Geist des Toten ins nächste Leben zu geleiten. Sie lesen aus dem tibetischen Totenbuch, führen Zeremonien durch und rezitieren Mantras, um den Geist auf die lange Reise durch das Bardo des Todes vorzubereiten. Der Bardo des Todes, der Zwischenzustand zwischen Tod und Wiedergeburt, dauert nach der Überlieferung neunundvierzig Tage, dann reinkarniert der Geist in eine neue Daseinsform.

Ein Schauer der Ehrfurcht lief mir über den Rücken. Ich wollte alleine sein und seilte mich von meiner Gruppe ab, um mir in Ruhe die Grabmale anzuschauen. Manisteine schmückten die Chö-lungs und beteten still und immerfort für den Geist der Toten und gleichzeitig für alle fühlenden Wesen. Einhundertfünfzig Menschen haben ihr Leben schon auf ihrem Weg zum Gipfel lassen müssen. Manche von ihnen haben den Gipfel erreicht, doch sie waren zu erschöpft, um in das rettende Lager zurück zu kehren. Unzählige Dramen spielten sich in diesen eisigen Höhen ab. Jeder hatte seinen eigenen Kampf ums Überleben gekämpft. Seit seiner Entdeckung übt der Everest eine Faszination auf die Menschen aus wie kaum ein anderer Berg. Vielleicht weil die Besteigung dieses Berges, das Erleben der puren Kraft der Natur, eines der letzten Abenteuer in dieser mittlerweile so hoch technisierten Welt bedeutet, in der, Dank der Technik, normalerweise auch das Unmögliche möglich gemacht wird. Doch die Besteigung des Everest ist nicht kalkulierbar und wird immer ein ganz persönliches Abenteuer zwischen dem Bergsteiger und dem Everest sein.

So strich ich zwischen den Chö-lungs umher, gefangen in den mit ihnen verbundenen Schicksalen. Ich sah ihre Geschichten, und fühlte die Trauer ihrer Familien und Freunde. Noch lange nicht alle waren hier begraben. Immer noch liegen die Gebeine von verschollenen Bergsteigern und Sherpas im tiefen Schnee begraben. Manchmal kommen sie an die Oberfläche und geben dem kletternden Bergsteiger Zeugnis ab über den Preis, den man unter Umständen für dieses rationell kaum zu erklärende Unterfangen, den Everest zu besteigen, zahlen muß.

Noch ganz beeindruckt von diesem Erlebnis, setzten wir unseren Weg fort. Steil ging es über einen felsigen Weg hinunter. Staub trocknete meinen Mund aus. Müde Trekker kamen uns entgegen. Ich war froh, diesen Weg nur hinab zu laufen. Mir taten die Trekker leid, die sich diesen steilen und schwierigen Weg hinauf quälten. Unten angelangt, machten wir Rast an einer Lodge in Duglha. Ich war durstig und freute mich auf meine Wasserflasche. Quadratisch ausgestochene Torfstücke lagen auf den Mauern in der Sonne. Sie waren angenehm warm. Ich setzte mich auf sie und trank. Die Sonne machte träge und mittlerweile spürte ich, wie mit jedem Meter unseres Abstiegs ihre Wärme zunahm. Träge beobachtete ich das Leben in dem Innenhof der Lodge. Eine kleine Gruppe Männer saß in Hockstellung auf dem

Boden und unterhielten sich bei einer Tasse Tee. Ein Mann, beladen mit Kochtöpfen und Schüsseln aus Blech, trat aus der Tür und setzte sich zu ihnen. Er fing an, die Töpfe mit Sand zu schrubben bis sie, trotz ihrer durch jahrelanges Scheuern völlig zerkratzten Oberfläche, im Sonnenlicht glänzten. Es war ein unendlich friedliches Bild, wie diese Männer in ihrer Eintracht zusammen saßen, erzählten und herzhaft lachten.

Wir verließen das steinige Gebiet und die Landschaft begann, sich zu ändern. Entlang eines tiefen Tales, auf dessen Grund sich der Imja Khola sein Bett gegraben hatte, schlängelte sich der Weg über eine Art Hochalm. Kurzgeschorenes, von der Sonne versengtes Gras zog sich über den Hang. Vertrocknetes Edelweiß reckte seine kleinen pelzigen Blüten in den Himmel. Ein strenger Wind pfiff uns um die Ohren, der mich wieder dazu veranlasste, doch meinen Pullover wieder anzuziehen und dazu noch Mütze und Schal. Der Duft von Holzfeuer drang in meine Nase. Vor uns lag, in weißen Trockensteinmauern eingefriedet, ein Hof, vor dessen Mauern es sich eine Trägerfamilie gemütlich gemacht hatte und sich ihr Mittagessen auf einem Feuer aus gesammeltem Reisig köchelte. „Namasté!" grüßten wir sie und zogen an ihnen vorüber. Es war ein entspannter Weg und so liefen wir nebeneinander und diskutierten. Wir liefen sehr schnell und bekamen das Gefühl, unheimlich stark zu sein. Sauerstoff füllte unsere Lungen und beflügelte unsere Schritte. Nach einer Wegbiegung erreichten wir eine alte, leicht verwitterte Stupa. An ihrem Fuße fiel ein Tal jäh ab, in dem sich die Ländereien und Häuser von Dingboche ausbreiteten. Im Hintergrund ragte der Lhotse mit seiner Südseite hervor, mit Nuptse im Vordergrund und weiter hinten auf der rechten Seite der Island-Peak, ein zu besteigender Trekking-Gipfel.

Wir stiegen ab, vorbei an der Stupa, hinunter ins Tal nach Dingboche. Dort sollten wir unser Lager für diese Nacht errichten. Unsere Yaks waren noch nicht da. So legten wir uns bis zu ihrer Ankunft faul in die Sonne. Ohne Yaks allerdings kein Mittagessen. Doch unsere Kochcrew war schneller als wir, hatte bereits einen kleinen Verschlag als Küche umfunktioniert und war schon voll in Aktion. Dann endlich kamen sie. Schnaufend kletterten die Yaks den steilen Weg nach unten. Es war bewundernswert, wie präzise diese schweren Tiere, beladen mit ihren Lasten, die schwierigsten und steilsten Passagen mit Eleganz und Sicherheit meisterten.

In Windeseile war unser Gepäck abgeladen und die Zelte aufgebaut. Eine halbe Stunde später war auch schon das Essen fertig. Vollgefuttert lagen wir in der Sonne herum. Es gab nichts mehr zu tun. Ich las ein wenig und schlief schließlich träge ein. Nebel verdunkelte wieder einmal die Sonne und so zog ich um in unser Zelt, das angenehm aufgeheizt war durch die Sonne. Denis lag dort schon in tiefem Schlummer. Der schwerste Teil des Abenteuers schien, überstanden zu sein. Es war für mich jedenfalls zeitweise definitiv hart gewesen.

Das Kloster Tengboche

13. Trekking-Tag
von Dingboche nach Tengboche

Whow! Hatte ich gut geschlafen. Erst Dandys obligatorischer Weckruf riß mich aus meinen Träumen. „Good Morning, Tea!" schallte es in unser Zelt und meine Traumwelt verschwand wieder im ewigen Nichts. Es war halb sieben. Ich zog den Zipverschluß unseres Zeltes auf und holte die zwei Tassen Tee rein, die mir Dandy mit seinem freundlichen Grinsen anreichte, jeweils mit zwei Löffeln klebrigem Zucker. Diese Nacht hatte ich als weniger kalt empfunden. Wir tranken gemütlich unseren Tee und fingen dann an, zu packen. Eine halbe Stunde später kam Dandy wieder zu unserem Zelt und verkündete „Excuse me, washing-water!" Nachdem ich wieder alle meine kleinen Habseligkeiten in meinem Rucksack verstaut hatte, krabbelte ich aus dem Zelt, den Rucksack hinter mir herschleifend. Es war in der Tat überhaupt nicht kalt. Es mögen vielleicht gerade mal zwei Grad minus gewesen sein. Und das bedeutete schon eine enorme Erwärmung. Prüfend tauchte ich meinen Finger in das Waschwasser. Es war warm. Kurzerhand trug ich es zu einer kleinen Mauer, zog meinen Pullover aus. Nur noch mit einem T-Shirt bekleidet planschte ich ausgiebig in diesem kleinen Schüsselchen, so weit es eben möglich war. Als ich für einen Moment aus meiner Versunkenheit in der Waschschüssel auftauchte, starrte mich eine Gruppe dick vermummter Trekker in bunten Gore-Tex-Jacken fassungslos an. Tropfnaß grinste ich sie an und wünschte ihnen einen guten Morgen. Erfrischt und mit eingefrorenen Fingern zog ich mich wieder an und machte mich auf zum Frühstück. Das Tee-Zelt war schon abgebaut und so hatten wir wieder ein Freiluftfrühstück. Ich fand das toll. Wo sonst konnte man einen solchen Blick schon beim Frühstück genießen. Der Nebel des gestrigen Tages hatte sich verzogen und nun lag vor uns ein einmalig klarer Blick auf Nuptse, Lhotse und Island-Peak. Evi fror, trotz ihrer Daunenjacke und erschien dick vermummt mit Mütze und Handschuhen zum Frühstück. Die Sonne schickte schon ihre ersten Strahlen über den Bergkamm und brach dann endlich mit ihrer ganzen Kraft hervor. Wärme ergoß sich über das bis dahin noch im Schatten gelegene Tal und brachte die kleinen Eiskristalle der Nacht auf dem Rasen zum schmelzen. Denis reckte ihr dankbar seinen Rücken entgegen und die Laune unserer Gruppe hob sich merklich. Pasang trat zu uns und mahnte uns zum Aufbruch, denn wir hatten noch einen langen Weg vor uns. So beendeten wir unser Frühstück. Die Küchen-Crew hatte alles in ihre Tragekörbe verladen und war bereit zum Abmarsch. Geschickt luden sie sich ihre Körbe auf den Rücken und eilten uns im Laufschritt voraus.

Wir ließen Dingboche schnell hinter uns. Für kurze Zeit tauchten wir noch einmal in den kalten Schatten des Tales ein, doch noch bevor ich mir wieder meinen Fleece anziehen konnte, erreichten wir schon wieder die Sonne, die uns von da an mit ihrer Wärme den ganzen Weg nicht mehr verließ. Unten tobte der Imja Khola und begleitete uns mit seinem Rauschen. Der Weg war aus staubfeinem Sand und wand sich durch eine weiße felsige Landschaft, die sich strahlend vor dem tiefen Blau des Himmels abhob. Assoziationen von sonnendurchfluteten Mittelmeerinseln im Sommer stiegen in mir auf. Wir überquerten einen kleinen, schäumenden Fluss über eine Holzbrücke und folgten dem auf der anderen Seite leicht ansteigenden Weg. Das Landschaftsbild änderte sich zunehmend. Langsam durchsetzten wieder kleine

Büsche und Sträucher die Felsen und das Laufen wurde immer leichter, je tiefer wir in sauerstoffreichere Bereiche kamen. Meine Augen konnten sich kaum satt sehen an dem Farbspiel der dunkelgrünen und leuchtend roten Töne der Sträucher, im Kontrast zu den weißen Felsen, vor dem tiefen Indigo des Himmels. Nach knapp zwei Stunden erreichten wir die malerischen Häuser von Pangboche. Jedes einzelne weiß getüncht, die Fenster und Türrahmen mit himmelblauer Farbe sauber umrandet, strahlten sie im gleißenden Morgenlicht. Yak-Dung war in kleinen Fladen auf die Mauern der Gemüsegärten geklebt worden und trocknete in der Sonne. Bunte Gebetsfahnen flatterten im Wind und organgene Blumen in Töpfen neigten ihre Köpfchen der Sonne entgegen. Ein alter Mann saß auf einer Bank und spielte mit einem vor Vergnügen quietschenden Baby. Dieses Dorf strahlte eine beeindruckende Friedlichkeit aus. Bekannte Gesichter grinsten uns auf einmal an. Es war unsere Kochmannschaft. Hier sollten wir Rast machen. Pasang führte uns in einen Garten, der in Therassen bis hinunter an den Fluß führte und für Gemüseanbau genutzt wurde. Die Wiese war, wie überall, übersäht mit Yakdung. Ich suchte mir an einem Stein ein gemütliches, sauberes, windgeschütztes Plätzchen und legte mich in die Sonne. Bis zum Essen hatten wir noch genügend Zeit. Die Sonne und die friedliche Stimmung überwältigten mich. Von Ferne hörte ich noch das Gemurmel nepalesischer Stimmen und Minuten später war ich eingedöst. „Soup ready!" wurde ich aus meinem Dämmerschlummer gerissen. Benommen setzte ich mich auf und schaute mich um. Denis hatte sich auch auf der Zeltplane ausgestreckt, die eigentlich als unser Eßtisch dienen sollte. Auch er war eingeschlafen und schaute nun genauso zerknautscht aus wie ich.

Nach dem Essen erreichten wir kaum merklich die Baumgrenze, sanft eingeleitet durch immer höher werdende Rhododendronbüsche, die irgendwann zu ganzen Bäumen wurden und sich ihren Platz mit Kiefern teilten. Es muß ein Traum sein, wenn im Frühjahr die Rhododendren blühen und der Wald sich in ein Meer von Millionen rosa-roter Blüten verwandelt. Durch das Blattwerk hindurch erschien in weiter Ferne das Kloster Tengboche, gleichsam friedlich und majestätisch auf einem Bergkamm thronend, eingerahmt von grünen Wäldern und schneebedeckten Bergen im Hintergrund. Dieses größte und höchstgelegene buddhistische Kloster der Region sollte unser Ziel für den heutigen Tag sein. Ehrfurcht und große Vorfreude erfüllten mich. Wunderhübsch geschmückte Yak-Karawanen mit roten Bändern im wolligen Fell und klingenden Glöckchen-Halsbändern zogen an uns vorbei. Sie sahen unglaublich friedlich aus. Die Treiber allerdings hatten schon lange den Blick für die Schönheit der Tiere verloren und stießen und zerrten an ihnen herum, um sie anzutreiben. Doch das schien, die Tiere in ihrer unendlichen Ruhe nicht zu berühren. Sie trotteten in ihrem eigenen stetigen Rhythmus vor sich hin, ihre schwere Last geduldig auf dem Rücken tragend.

Die Nähe zum Kloster war schon zu spüren. Vorbei an vielen aus gemeißelten Steinplatten aufgeschichteten Mani-Mauern und kleinen geschmückten Tschörten, ging es steil einen felsigen Abhang hinunter. Kurz vor der tief abfallenden Schlucht erreichten wir eine abenteuerliche Hängebrücke, die nur noch durch die guten Wünsche der Reisenden, symbolisiert durch unzählige Kataks und Gebetsfahnen, befestigt am aus Maschendraht bestehenden Geländer, zusammengehalten wurde. Quer liegende Bretter flickten die Löcher im Boden der Brücke. Unter uns, am Grunde der Schlucht, tobte ein schäumender eiskalter Fluß. Wir hatten keine andere Wahl und betraten zwar lachend, doch im Stillen Gebete murmelnd die marode Hängebrücke. Sie schwankte und knarrte unter unserem Gewicht. Wir beschleunigten unseren Schritt und erreichten zu unserer Erleichterung wohlbehalten die andere Seite. Wieder sicher auf der anderen Seite stehend mussten wir über die ängstlichen Gesichter von Frauke und Pitt lachen, die dieses kleine Abenteuer noch vor sich hatten. Pasang überquerte als letzter die Brücke, nicht ohne vorher den Segen der Buddhas zu erbitten. Drei Mal berührte er mit seiner Hand das Brückengeländer und seine Stirn, dann erst ging er los. Kurz nach ihm trieb ein Junge drei Yaks über diese Brücke und zu unser aller Vergnügen mußte ein Trekker, der sich gerade in der Mitte der Brücke befand, hastig den Rückzug antreten.

Von nun an bewegten wir uns auf heiligem Boden. Der Weg stieg steil an und führte uns durch einen wahrhaftigen Märchenwald. Verschlungene Wege führten uns unter Rhododendron und uralte Wachholderbäume hindurch über saftig grüne Wiesen von sauberen weißen Steinwällen eingefriedet mit kleinen, weiß gekalkten Steinhäusern im Hintergrund. Glucksend flossen klare Bäche durch das Unterholz, vorbei an runden, mit dicken, grünen, weichen Moospolstern überzogenen Steinen. Wie Feenhaar hing Moos in langen dünnen Fäden von den Ästen, hier und da blitzte auch mal ein durch Wind und Wetter ausgedünnter weißer Katak aus dem Grün hervor. Vögel zwitscherten und die Sonne spielte in goldenen Reflexen auf dem Weg. Raben saßen auf den Ästen und es schien mir, als wollten sie uns etwas erzählen. Ich war verwundert. Kein Vogel flog davon, wenn er uns hörte. Der ganze Wald schien in tiefem Frieden zu liegen. Ich war wie verzaubert. Wir hörten fremde Stimmen. Sherpanis in ihrer schönsten tibetischen Tracht kamen uns entgegen, unermüdlich die Mani-Trommel drehend. Ihre Gesichter strahlten eine unglaubliche Freundlichkeit aus, überzogen mit unzähligen Lachfältchen. Sie waren reich geschmückt mit Türkisen und Korallen, die sie sich ins lange Haar geflochten hatten oder als Ketten um den Hals trugen. Mit Erstaunen bemerkte ich, dass sie, obwohl sie sich unterhielten, immer wieder das Mantra „Om Mani Peme Hung" rezitierten. Sie schienen, keinen Unterschied zwischen Gebet und Unterhaltung zu machen.

Nach einem letzten sehr steilen Stück Weg, der durch den schlammigen, glitschigen Waldboden schwierig zu erklimmen war, traten wir aus dem Wald heraus auf einen sonnendurchfluteten Platz. Da lag es vor uns, wir hatten es endlich erreicht: Tengboche, das größte und höchstgelegene buddhistische Kloster der Umgebung. Der Friede, der uns durch den Wald begleitet hatte, war nun hier als geschäftige Freude zu spüren. Mönche jeden Alters liefen in ihren tiefroten Roben umher, ohne jedoch auch nur ein Fünkchen Hektik zu verbreiten. Ich war sprachlos und mein Herz hüpfte vor Freude. Es war, als würde ich nach Hause kommen.

Pasang führte uns zu unserem Zeltplatz. Wir mussten herzhaft lachen, denn unsere Crew hatte die Zelte genau auf dem Hubschrauber-Landeplatz geparkt. Ein großer, mit Kreidestaub gezirkelter Kreis, mit einem „H" in der Mitte, markierte ihn. So war es eben und wir hofften, dass kein Hubschrauber während unseres Aufenthaltes hier landen mußte.

Ungeduld hatte mich gepackt und ich motivierte Denis, mit mir auf Entdeckungsreise zu gehen. Er setzte sich allerdings recht bald schon wieder ab, kaum das wir die Eingangsstupa erreicht hatten. Das schmälerte aber in keiner Weise meine Neugierde und so ging ich alleine zum Kloster hoch. Das Eingangstor war mit Malereien bunt verziert. Ich erklomm die Stufen, trat durch einen dunklen Vorraum, der einen heiligen Felsen umschließt, auf dem ein Fußabruck eines großen frühen Lamas des Khumbus, Lama Sangwa Dorje, verehrt wird. Der Sage nach flog der Lama in Verzückung zu seiner Hingabe zu Guru Rinpoche nach Tengboche und hinterließ einen Fußabdruck auf diesem Felsen, der auch heute noch sichtbar ist. Im Jahre 1916 entstand dann an diesem Platz in Tengboche das erste Kloster der Region.

Von diesem Vorraum führte jeweils eine Holztreppe rechts und links auf einen Innenhof. Hektisch rannten Mönche hin und her, trugen Schemel und kleine Bänkchen oder schleppten große blankgescheuerte Teekessel. Ich erreichte die riesigen, mit runden Eisenbeschlägen verzierten Tore der Gompa. Sie waren verschlossen. Ich fragte einen vorbeikommenden Mönch und er gab mir zu verstehen, dass ich später, am Nachmittag, zu einer Führung wiederkommen solle. So machte ich mich wieder auf den Weg nach draußen und streunte weiter in der Klosteranlage umher. Ich stieg einen kleinen Erdwall empor und erreichte den hinteren Teil der Gompa. Schwarze Raben saßen in Massen auf den Bäumen und krächzten durcheinander. Auch sie flogen nicht weg, als ich mich ihnen näherte. Wollige tibetische Hirtenhunde fraßen, an Ketten gelegt, aus silbernen Näpfen. Sie würdigten mich keines Blickes und ich ging unbehelligt an ihnen vorbei. An der Rückseite des Gebäudes begegneten mir drei alte Frauen. Ihre Gesichter strahlten und obwohl sie voller Runzeln waren, erschienen sie mir jung und vital. Sie waren festlich gekleidet und mit unzähligen Türkisen geschmückt. Unermüdlich murmelten sie laut das Mantra „Om Mani Peme Hung" vor sich her, ließen ihre Gebetsmühle kreisen oder die Perlen ihrer Mala durch die knorrigen Hände gleiten. Sie machten gerade ihre Chora und umwandelten, wie es Brauch ist, im Uhrzeigersinn die Gompa als verehrungswürdigen, heiligen Ort. Wir grüßten uns und ihre warmen freundlichen Augen begegneten den meinen. Schwatzend und lachend gingen sie an mir vorbei.

Ich ging wieder hinunter und fand vor einem kleinen Laden, der Info-Center und gleichzeitig Dharmashop war, eine Mauer, von der aus ich den ganzen Platz überblicken konnte. Ein weißes Pferd galoppierte quer über die Wiese und ein kleines verrücktes Fohlen folgte ihm mit unkontrollierten Bocksprüngen. Ein Trekker duschte unter einem eiskalten Wasserstrahl, der aus einem schwarzen Plastikschlauch herauslief. Kopfschüttelnd und mit blankem Entsetzen verfolgten die Nepalis das Baderitual des nur mit einer Shorts bekleideten, sonst gänzlich nackten Mannes. Für uns Europäer ist dies vielleicht ein gewohnter Anblick, doch Nepalis kann schon ein entblößtes Bein aus der Fassung bringen.

Ganze Horden von Trekker rekelten sich auf Plastikstühlen in der Sonne vor einer kleinen blau gestrichenen Bretter-Bude, einem Kiosk, und tranken Bier und Cola. Ihr lautes Stimmengewirr lag in der Luft. Eine junge Nepalesin, wohl die Tochter der Kioskbesitzerin, wusch sich in einer Blechschüssel ihre langen schwarzen Haare. Ich schaute dem bunten Treiben eine Weile zu, bis ich müde wurde und zurück zu unseren Zelten schlenderte. Ich fand Denis im Zelt Walkman hörend. Ich wollte mich gerade umziehen, als Pasang uns herausrief. Er wollte mit uns zusammen zur Gompa hochgehen, um sie zu besichtigen.

Am Kloster angekommen begrüßte Pasang einen jungen Mönch, sein Cousin. Dieser erklärte uns, dass es gerade völlig unmöglich sei, das Kloster zu besichtigen, da sie hohen Besuch hätten und das Kloster aufgrund von Ritualen im Augenblick geschlossen sei. Er vertröstete uns auf den späten Nachmittag. Unverrichteter Dinge zogen wir wieder davon und gingen hinüber zum Kiosk. Michael, Denis und Pitt hatte die Lust auf ein Bier gepackt. Auch Frauke schloss sich ihnen an. Nebel zog wieder einmal auf und die Luft kühlte schnell ab. Pasang trommelte uns zum zweiten Versuch zusammen, um wieder hoch zum Kloster zu gehen. Als wir den Innenhof der Gompa betraten, erblickten wir eine riesige Traube von wartenden Menschen, die sich die Treppen zur Gompa heraufschob. Es war eine bunte Mischung aus Trekkern und Einheimischen. Alle wollten den Lama sehen. Wir reihten uns in die Gruppe der Wartenden ein und ließen uns langsam mitschieben. Irgendwann erreichten wir den Vorraum der Gompa. Dann jedoch bewegte sich nichts mehr. Die schweren Türen der Gompa blieben verschlossen. Ich fragte mich durch, um herauszufinden, welcher Lama denn nun zu Besuch sei. Eine Antwort darauf konnte mir jedoch niemand mit Sicherheit geben. Ebenso wenig auf die Frage, ob wir noch eine Chance hatten vorgelassen zu werden, um einen Segen zu bekommen. Die Antworten, die uns die Mönche gaben, wechselten minütlich. Es wurde uns nahegelegt, wieder zu unseren Zelten zu gehen und am frühen Morgen wieder zu kommen. Dann wiederum hieß es, dass wir um sechs Uhr vorgelassen werden würden, was dann ein paar Minuten später wieder revidiert wurde. Meine Mitreisenden waren durch diese unpräzisen Antworten und der langen Wartezeit, verbunden mit der kontinuierlichen Drängelei so entnervt, dass sie sich entschlossen, wieder zurück zu den Zelten zu gehen. Mir fiel auf, dass ich total vergessen hatte, einen Katak zu besorgen, einen weißen Schal mit Glück verheissenden Ornamenten verziert, der traditionell als Gastgeschenk dem Lama übergeben wird. So nutzte ich die Zeit der verschlossenen Tore, um noch einmal schnell zum Dharmashop zu laufen. Vielleicht konnte man mir dort auch Auskunft über den Lama geben. Er war noch geöffnet und ich erstand einen blütenweißen Katak. Vor dem Shop standen ein paar Leute herum. Ich sprach sie an und es stellte sich heraus, dass sie zu einer Art Hilfsprojekt gehörten, die sich um den Wiederaufbau dieses Klosters und der damit verbundenen Spendenmittelbeschaffung und ökologischen Baumaßnahmen kümmerten. Das Kloster war 1989 einem Großbrand zum Opfer gefallen, ausgelöst durch einen Kurzschluss in einem Stromgenerator, durch den fast der gesamte Kloster-Komplex zerstört wurde. Dank finanzieller Unterstützung aus der ganzen Welt ist es seit 1993 wieder vollständig aufgebaut, soll noch erweitert und den ökologisch verträglichen Standards angepasst werden. Das Kloster ist nicht nur das religiöse Zentrum der Umgebung sondern gleichzeitig auch das Zentrum für Bildung und Studium. Das muss natürlich irgendwie finanziert werden und so ist die Gemeinschaft auf Spenden angewiesen, um die Kosten dafür zu decken. Ein Hilfsprojekt wurde ins Leben gerufen und unterstützt durch seine Öffentlichkeitsarbeit und auch durch den neuen Dharmashop, die Beschaffung von finanziellen Mitteln. Freudig erzählten sie mir, dass sie gerade einen Film über Tengboche fertig gestellt hätten, der nur käuflich zu erwerben wäre.

Der Vorraum der Gompa hatte sich geleert. Nur noch eine Hand voll Unerschrockener warteten auf die Gelegenheit, doch noch einen Segen zu bekommen. Mittlerweile war die Nacht über Tengboche hereingebrochen und überzog alles mit ihrem samtenen, dunklen Umhang. Die Gesichter der Buddhas auf den kunstvollen Wandbemalungen flackerten auf im unruhigen, goldenen Schein der Butterlampen, die sie sehr lebendig erscheinen ließen. Warmes, weiches Licht umgab uns. Samtene schwere Vorhänge hingen zusammengerafft vor den Toren der Gompa. Kleine Mönche bahnten sich, schwappende schwere Teekessel gefüllt mit Buttertee tragend, ihren Weg durch uns hindurch und verschwanden hinter den Türen. Nach einer weiteren halben Stunde des Wartens öffneten sich die schweren Tore und ein Mönch in meinem Alter erklärte uns, dass wir nun die Gelegenheit hätten, einzutreten. Der Moment war da. Mit klopfendem Herzen betrat ich die Gompa. Weicher dämmriger Schein von unzähligen Butterlampen umfing mich. Die Luft war erfüllt vom Duft der Räucherstäbchen. Kunstvoll gemalte Ornamente schmückten jeden Millimeter der Wände, Decken und Säulen. Schirmchen und Fahnen aus feinstem golddurchwebtem Brokat hingen von der Decke und der dunkle vertraute Rhythmus der rezitierenden Stimmen erfüllte den Raum. Vorsichtig entwirrte ich meinen Katak, den ich sorgsam zusammengerollt hatte, damit er nicht zerknitterte. Da saß der Lama, etwas erhöht auf einem mit Schnitzereien und Bemalungen geschmückten, brokatbehängten Thron. Im Hintergrund ragte eine riesige goldene Buddhastatue auf, die durch ein Loch in der Decke bis in das Stockwerk darüber reichte – Buddha Shakyamuni, der Buddha der Gegenwart, im vollen Lotussitz ruhend. Im Vordergrund erkannte ich die Statue des Buddhas des Mitgefühls, Tschenresig.

Das Gesicht des Lamas leuchtete vergnügt und jugendlich mit glatten Zügen. Die Mönche saßen in vier jeweils auf ihn zuführenden, parallel zueinander verlaufenden Reihen. In ihren Rezitationen aus dicken tibetischen Texten, die vor ihnen aufgeschlagen auf kleinen Gebetstischen ruhten, ließen sie sich durch unsere Anwesenheit nicht stören. Bevor ich jedoch den Segen des Rinpoches empfangen konnte, verließ er, gestützt durch einen Mönch, seinen Thron. Er ging gebeugt, auf den Arm seines Begleiters gestützt und schien trotz seines jugendlichen Gesichtes schon sehr alt zu sein. Wohl erschöpft von den Anstrengungen des Tages zog er sich zurück. So überreichten wir stattdessen dem Abt des Klosters unsere Kataks und er gab uns seinen Segen. Das Herz ging mir auf und mir war wie einem Kind, das mit großen Augen vor einem strahlenden Weihnachtsbaum steht. An der hintersten Wand lagen Teppiche auf dem Boden. Dort setzte ich mich nieder, um den gerade geschehenen Moment noch ein wenig wirken zu lassen und ganz in mich aufzunehmen. Die anderen setzten sich auch und so saßen wir alle gemeinsam in diesem golden Schein der Butterlampen, hörten den dunklen rhythmischen Rezitationen der Mönche zu und ließen alle die ganze Wärme und Gemeinsamkeit, die uns nun auf diesem Teppich zusammensitzen ließ, in uns hineinfließen. Meine Wangen glühten und ich hätte platzen können vor Glück. Der junge Mönch, der uns eingelassen hatte, begann, uns leider schon wieder hinaus zu treiben. Ich bedauerte es für einen Augenblick, doch eigentlich war alles gut gewesen, so wie es war. Jemand tippte mir von hinten auf die Schulter. Ich drehte mich um und Dandy, der Küchenjunge grinste mich schüchtern an: „Excuse me, Soup ready!" Ich bedankte mich für seine Info und versicherte ihm, mich zu beeilen. Er grinste, drehte sich auf dem Absatz um und flitzte davon.

Ich lief zum Zelt. Sie hatten schon mit dem Abendessen begonnen. Außer Atem, mit glühenden Wangen erzählte ich den anderen von dem gerade Erlebten. Das Weiß des Kataks, den der Rinpoche mir beim Segen wieder um den Hals gehängt hatte, blitzte am Kragen meines Pullovers hervor.

Das Essen war wieder einmal der Wahnsinn in Schüsseln. Dies war unsere letzte Camping-Nacht und unsere Küchencrew schien noch einmal all ihr Können unter Beweis stellen zu wollen. Sie hatte riesige Platten mit verschiedenen Currys und Reis, Pommesfrites und frittiertem Gemüse gemacht. Es war ein Traum und wir konnten gar nicht alles aufessen. Dann, als alles abgeräumt war, brachten sie uns eine Überraschung ins Zelt. Eine kleine, selbstgebackene Torte, verziert mit Sahne und roten Kirschen. Kaum zu glauben, wie hatten sie diesen Kuchen nur gezaubert? Ich durfte die ehrenvolle Aufgabe übernehmen, ihn in gleichmäßige Stücke zu zerteilen und gab jedem ein Stück. Er schmeckte zwar ein wenig gewöhnungsbedürftig und war sehr mächtig, durch seinen wohl sehr hohen Yak-Butter-Gehalt, aber es war eine wirklich gelungene Überraschung, die wir mit lautem Beifall dankten. Nach dem Essen saßen wir noch für einige Zeit zusammen und schwatzten.

Die Nacht war sternenklar. Golden leuchteten die Fenster des Klosters und Musik wurde vom Wind zu uns herüber getragen. Wir kuschelten uns in unsere Schlafsäcke. Das wildgewordene Pferd schien noch um die Zelte zu galoppieren, denn wir hörten noch unkoordiniertes Hufegetrappel. Wir lachten bei der Vorstellung, es würde aus Versehen eine der Spannleinen unserer Zelte abreißen und sie während der Nacht über uns zum Einsturz bringen. Irgendwann verebbte unser Gespräch und ich rollte mich in meinem Schlafsack zusammen. Dieser Tag war ein wahres Geschenk. Lächelnd schlief ich ein.

Abschied

14. Trekking-Tag von Tengboche nach Khumjung

Aus den unendlichen dunklen Weiten des Universums drang der tiefe vibrierende Schlag eines Gongs in mein Bewusstsein. Es war noch tiefste Nacht, vier Uhr morgens mag es gewesen sein. Viele schnelle Schläge folgten in kurzen Abständen hintereinander, dann wurden sie unterbrochen durch kleine Pausen von wenigen Sekunden, ähnlich wie Kirchenglocken langsam ausläuten. Muschelhörner ertönten. Doch nach einiger Zeit wurden sie leiser und verstummten schließlich ganz. Stille kehrte ein und ich glitt zurück ins Traumland.

„Good morning, Tea!" Unser letzter Morgen im Zelt war angebrochen. Dandy reichte uns ein letztes Mal die zwei dampfenden Blechtassen herein. Der Morgen war schön und klar. Das Kloster lag noch im Schatten vor einem flammenden Bergpanorama, entfacht durch die erste Morgensonne auf den Gipfeln. Dumpfe rhythmische Trommelschläge und der Klang der Muschelhörner tönten zu uns herüber. Die Puja im Kloster war noch in vollem Gange. Wie gerne würde ich mich dazu setzen. Es gab noch ein letztes Mal „Washing-Water" in den Blechschüsseln. Uns war ein bisschen wehmütig, denn es bedeutete auch, dass wir der Zivilisation immer näher rückten.

Draußen war es kälter, als ich ursprünglich angenommen hatte und so zog ich mir doch noch mal Handschuhe, Mütze und Schal an. Die Rucksäcke waren gepackt und nun blieb uns nichts anderes mehr übrig, als auf unsere Crew zu warten, die noch fleißig dabei war, zusammenzupacken. Es dauerte ziemlich lange und ich war hin und her gerissen, ob ich noch mal zum Kloster hochgehen sollte. So gerne hätte ich noch einmal die Gompa von innen gesehen und mich ein bisschen in die Puja gesetzt. Wir standen herum und froren, tappten von einem Fuß auf den anderen und bliesen kleine Wölkchen in die Luft. Kurzerhand fragte ich Pasang, wie lange er mir noch geben würde für einen kleinen Klosterbesuch. Er grinste und gewährte mir zehn Minuten. Das mußte reichen. So lief ich zum Kloster hoch und rannte die Stufen hinauf. Als ich die knarrende Holztreppe zum Innenhof hoch kam, sah ich, wie kleine Mönche in dunkelroten Roben und kahlgeschorenen runden Köpfen emsig mit Reisigbesen den Innenhof der Gompa fegten. Staub flirrte in der Luft. Als sie mich bemerkten, hielten sie inne und schauten mich mit ihren dunklen mandelförmigen Augen an. Vorsichtig durchquerte ich den mit flachen Felsplatten gepflasterten Innenhof und erklomm die Stufen hinauf zur Gompa. Durch die geschlossenen roten Tore war das Murmeln der Stimmen zu hören, immer wieder durch die Instrumente unterbrochen. Die Butterlampen im Vorraum waren gelöscht und eingesammelt worden. Ein Mönch trat heraus und ich fragte ihn um Erlaubnis in die Gompa einzutreten. Ungeduldig winkte er mich herein. Schnell streifte ich meine Schuhe ab und trat ein. Wieder umfing mich die warme Atmosphäre. Goldenes Licht von unzähligen Butterlampen, die dunklen Stimmen der auf tibetisch rezitierenden Mönche, der rhythmische Klang der monoton geschlagenen Trommel. Ich ging direkt in den hinteren Teil des Raumes zu den Teppichen, auf denen wir gestern schon gesessen hatten. Wie es Brauch ist, verbeugte ich mich dreimal vor den Buddhas, unter erstaunten Augen eines kleinen Mönches, der in seinen großen, roten Mantel gewickelt, der Puja beiwohnte. Ich nickte ihm zu und setzte mich. Er drehte sich wieder um und konzentrierte sich auf seinen Puja-Text. Ein junger Mönch lief mit einem schweren eisernen Teekessel umher und füllte die Schalen der Mönche mit dampfendem Tee. Ich betrachtete die Gesichter der Mönche, wie sie in ihren Reihen nebeneinander saßen, tief versunken in ihre Puja. Würde und Frieden ging von ihnen aus. Ich lauschte dem tiefen Klang ihrer Stimmen und fühlte mich geborgen. Eine tiefe Ruhe breitete sich in mir aus, ich war Zuhause. Mein Atem ging ruhig und stetig, die Geräusche flossen durch mich hindurch, Gedanken kamen und gingen, Frieden. Die Ewigkeit wurde zum Moment und der Moment zur Ewigkeit. Für einige Minuten saß ich da, ganz still. Irgendwann sagte mir mein Gefühl jedoch, dass es Zeit zum Aufbruch war. So erhob ich mich, verbeugte mich und verließ leise die Gompa.

Die Malereien des Vorraumes waren unglaublich. Gestern in dem dämmrigen Licht hatte ich ihre Schönheit nicht richtig gesehen. Die Farben strahlten in einer Brillanz, die den Ausdruck der verschiedenen Buddhaaspekte in ihrer Klarheit noch unterstrichen. Kunstvoll waren Details erhaben in feinen goldenen Linien betont und gaben den Bildern einen dreidimensionalen Charakter. Die schweren rotgelackten Tore der Gompa mit ihren schwarzen runden Beschlägen standen einen Spalt auf, mit einem Band an der Seite zusammengerafft fiel der schwere rote Vorhang über das rechte Tor. Der Innenhof lag sauber gefegt im dämmrigen Morgenlicht. Über den Bergen bildete die Sonne schon leuchtende Strahlenkränze. Es würde nicht mehr lange dauern, bis sie hinter den Gipfeln hervorbrechen würde. Doch noch lag das Kloster im Schatten. Raben gingen auf dem Dachfirst spazieren und feine geraffte Stoffgirlanden, die rund um den Innenhof unterhalb der Dächer angebracht waren, bewegten sich leicht im Wind. Ich stieg die Stufen hinab, überquerte noch einmal den Hof und schritt über die großen breiten Klosterstufen durch das Tor hinaus. Selten ist es mir so schwer gefallen, einen Platz zu verlassen. Ganz bewusst hatte ich darauf verzichtet Fotos zu machen. Ich wollte diesen Ort in mir tragen, so wie mein Herz ihn gesehen hatte.

Mit großen Sprüngen lief ich auf unser Lager zu. Es war ein perfektes Timing. Alle waren gerade fertig geworden und so schulterte ich meinen Rucksack und wir gingen los.

Vorbei an den bunt bemalten Manitrommeln und der brüchigen Stupa, gingen wir durch einen begehbaren Tschörten, der das Tor zu Tengboche bildete. Man sagt, in dem Augenblick, wenn man durch solch einen Tschörten schreitet, verinnerlicht man die Weisheiten des Buddha-Dharma. Wie eine Brücke mit einer kleinen Stupa wölbte er sich über den Weg. Als ich hindurch ging, erfassten meine Augen die alten, wunderschönen Malereien. Ich durchschritt im wahrsten Sinne des Wortes den Dharma. Für einen kurzen Moment schloss ich die Augen, ein Schauer lief durch meine Glieder. Sonnenstrahlen trafen plötzlich mein Gesicht und wohlige Wärme durchströmte mich. Verwirrt drehte ich mich um. Tengboche war nun endgültig Vergangenheit.

Wir hatten den Fehler gemacht, einer Gruppe Yaks den Vortritt zu geben. Der Weg war so staubig, dass er uns den Atem nahm. Langsam bewegte sich die Karawane vorwärts. Laut und grob durch ihren Treiber angetrieben. Er zerrte an den armen Tieren, zog sie wild am Schwanz und boxte sie mit lauten Flüchen in ihre schwarzen Flanken. Der Weg war zu schmal, als das wir einfach an ihnen hätten vorbei gehen können. Eine unkoordinierte Bewegung der Yaks und wir hätten uns am Fuße des mindestens tausend Meter tiefen Abgrunds wieder gefunden. So übten wir uns in Geduld und trotteten hinter den Tieren her. Endlich passierten die Yaks eine Wasserstelle, an der sie gierig zu saufen anfingen. Diese Pause nutzend, huschten wir schnell an ihnen vorbei. Die Feuchtigkeit der Wasserstelle besänftigte für den Augenblick den Staub.

Es waren unheimlich viele Menschen unterwegs. Unentwegt kamen uns Mönche mit Rucksäcken beladen, und ganze Familien mit Mitgliedern jeder Altersstufe in ihren schönsten Kleidern beschwingten Schrittes entgegen. Es war ein buntes Treiben, wie kurz vor einem Volksfest. Große Körbe mit Lebensmitteln wurden auf dem Rücken den Weg hoch getragen. Alles strömte in Richtung Kloster. Wahrscheinlich, um den Rinpoche zu sehen. Ich bewunderte die Einheimischen, mit welch einer geschmeidigen lockeren Schnelligkeit selbst alte Menschen die Steigungen der Berge meistern. Wir wären in ihrem Tempo schon nach einer Stunde erschöpft zusammengebrochen, doch sie liefen mit federndem Schritt, leichtfüßig wie Gämse die Berge hoch, ungeachtet ihrer Lasten auf dem Rücken. Der Weg war an einer Stelle sehr schmal und wir gaben einer uns entgegenkommenden Familie den Vortritt. Wir begrüßten einander traditionell mit „Namasté". Das kleine Kind strahlte mich mit seinen kohlschwarzen Augen freundlich an. Sein Großvater schaute vom Kind auf und sein strahlendes, zahnloses Lächeln traf mein Gesicht. Er zeigte auf meine Haare und mit einem fragenden Ton sprach er zu mir: „Anila?" Verwirrt fasste ich mir an meine Haare, denn ich hatte ihn nicht verstanden. Hilflos grinste ich ihn an. Da legte er seine Hände zusammen, verbeugte sich: „Namasté, Anila!" begrüßte er mich. Ich legte meine Hände ebenfalls aneinander und erwiderte seine Verbeugung. Er lächelte und ging vorüber. Grübelnd aber freudig berührt von dieser liebevollen Begegnung setzte ich meinen Weg fort. Dann fiel mir auf einmal die Bedeutung wieder ein. Anila, wie konnte ich das vergessen, ist die Anrede für eine Nonne. Jetzt wurde es mir klar. Frauen in Nepal tragen ihre Haare nur dann ganz kurz geschnitten, wenn sie Nonnen sind. Der alte Mann dachte wegen meiner kurzen Haare, ich sei eine Nonne.

Wald umschloss uns. Kiefernwald, der unter dem besonderen ökologischen Schutz des Klosters steht. Die Anzahl von Menschen, die unterwegs waren, nahm stetig zu. Träger mit schweren Lasten auf dem Rücken, Großfamilien mit kleinen Kindern und Großeltern im Schlepptau und unendlich viele Trekker in bunten Funktionskleidungsstücken, kurzen Hosen und klickenden Teleskopstöcken kamen uns entgegen. Alle hatten nur ein Ziel: Das Kloster Tengboche. Auf einmal hörte ich einen Aufschrei von Pitt: „Achtung!" Ich drehte mich um. Im selben Augenblick schossen nur ein Meter von mir entfernt ein paar Gesteinsbrocken an uns vorbei und blieben im Gestrüpp liegen. Glück gehabt. Für einen Moment war die Zeit stehen geblieben, niemand hatte sich mehr bewegt. Ein Aufatmen ging durch den Waldabschnitt. Keiner war zu Schaden gekommen. Wir setzten unseren Weg fort. Besonders eilige Trekker überholten uns. Sie benutzten ihre Teleskopstöcke wie Ski-Fahrer und sprangen, an ihnen aufgestützt, den Weg oder auch direkt die Böschung hinab. Steine fingen wieder an zu rollen. Durch überhastete und unbedachte Abstiege kommt es schnell zu einem Steinschlag. Es macht durchaus sehr viel Spaß, so schnell die Berge hinab zu laufen. Der Sauerstoff füllt die Lungen und vermittelt einem das Gefühl von wachsender Stärke. Ja, man wird regelrecht high, aber der Preis, den die Umgebung dafür zahlt, ist hoch. Steine, die unbemerkt und unbeabsichtigt ins Rollen geraten, werden zu lebensgefährlichen Geschossen und der Schaden für die Umwelt ist ebenfalls hoch, wenn kostbarer Mutterboden den Abhang runtergetrampelt wird.

Wir machten Platz und ließen die Eiligen an uns vorbei, beschleunigten allerdings auch unseren Schritt, um diese ungemütliche Wegstrecke schneller hinter uns zu bringen. Nach einem circa eineinhalb stündigen Abstieg hörten wir Wasser plätschern. Wasser rann unablässig durch am Wegrand aufgestellte, bunt bemalte Gebetsmühlen. Pausenlos rezitierten sie das Mantra *Om Mani Peme Hung*. An ihnen vorbei erreichten wir eine Lodge. Erschöpft ließen wir uns auf die Abstellplattformen für die Träger sinken. Mir war kalt durch den Schatten des Waldes und meine Kehle ausgetrocknet von dem ganzen inhalierten Staub. Ich rückte weiter auf ein sonniges Plätzchen und kramte in meinem Rucksack nach meiner Wasserflasche. Das Wasser war noch warm und tat gut. Die Gruppe war durch die vielen Menschen und das schnellere Tempo auseinander gerissen worden und es dauerte einige Zeit, bis wir wieder vollzählig waren. Ich schloß die Augen und ließ mich nach hinten sinken. Obwohl wir noch nicht einmal die Hälfte unserer Strecke gelaufen waren, war ich schon ganz schön müde. Als ich meine Augen wieder öffnete, sah ich einen jungen Träger. Müde ging er langsam zu einem kleinen Bach, der in der Sonne munter vor sich hin plätscherte. Er setzte sich und zog sich seine Leinenschuhe aus. Hervor kamen Füße in zerschlissenen Socken, durch die seine Zehen stachen. Er streifte die Socken ab und tauchte erst den einen und dann den anderen Fuß in das eiskalte Wasser des Bachs. Man sah ihm an, welch eine Wohltat dies für seine Füße war. Hingebungsvoll begann er sie zu baden und zu waschen. Krempelte sich seine Hosenbeine auf und benetzte auch seine Waden. Begeistert von der erfrischenden Wirkung des Wassers zog er sich kurz entschlossen auch sein T-Shirt über den Kopf und begann sich zu waschen. Sein schöner rotbrauner Körper war unwahrscheinlich ausgezehrt. Der Mann wog vielleicht noch nicht einmal sechzig Kilo, nach seinem schmalen Körperbau zu urteilen. In einem Reiseführer hatte ich gelesen, dass die Lasten der Träger um die achtzig Kilo betragen. Wie konnte er diese schweren Lasten tragen?

Ich sah eine Bewegung im Augenwinkel. Oben auf der Treppe stand ein Sherpa-Mädchen. Schön wie eine junge Blume, vielleicht zwanzig Jahre alt. Sie öffnete ihren schweren Zopf. Ihr Haar fiel ihr bis auf die Hüften, glänzendes schwarzes Haar. Sie nahm einen kleinen rosa Kamm zur Hand und begann es mit gleichmäßigen streichenden Bewegungen zu kämmen. Ich bewunderte dieses ewig weibliche Ritual des Haarekämmens.

Nach dieser kleinen Rast überquerten wir eine Hängebrücke und stiegen langsam und stetig auf der anderen Seite den steilen Weg hoch. Erstaunlicher Weise war es nun viel einfacher als sonst. Nadelwald umgab uns und die Zikaden zirpten im sonnenbeschienenen Wurzelgehölz. Der frische, harzige Duft der Rinde lag in der Luft. Es war als wären wir in Frankreich im Pinienwald an der Atlantikküste. Sommererinnerungen stiegen in mir auf. Träger überholten uns trotz ihrer Last, ihren Lauf regelmäßig zum Verschnaufen unterbrechend. Um Rast zu machen stützten sie sich auf einen eigens dafür konstruierten Stock mit einem verlängerten Knauf, der unter den Korb oder das Gesäß geklemmt wird und so als mobile Sitzgelegenheit dient oder für einen Moment die Last des Korbes erleichtert. Einige von ihnen trugen nur Flip-Flops. Ich fragte mich, wie sie solche Gewaltmärsche mit diesem mangelhaften Schuhwerk nur überstehen konnten. Während ich vor mich hin lief, konnte ich die Füße des Trägers vor mir studieren. Die Flip-Flops schlappten im Takt und klatschten gegen seine nackten Füße, die klein und kräftig waren, die Sehnen zum zerreißen gespannt. Seine Waden waren fest wie kleine Pakete. Die Beine eines Windhundes. Ich sah seine Fersen.

Risse durchzogen die trockene Haut. Es mußte schmerzhaft sein. Er hielt und drehte sich zum Weg. Unsere Augen trafen sich. Tintenschwarze, mandelförmige Augen mit langen schwarzen Wimpern. Sein Blick war müde. Eine Schweißperle tropfte von seiner Stirn. Er wischte sie mit dem Handrücken fort. Leise grüßend ging ich an ihm vorbei. Eine Gruppe Trekker kam uns entgegen. Sie sahen noch ganz frisch und rosig aus. Der Duft nach Waschmittel eilte ihnen schon Meter voraus und ihre weiße Haut schien, noch nicht viel Sonne gesehen zu haben. Eine leichte rosa Tönung verriet schon die ersten Anzeichen des beginnenden Sonnenbrandes. Die Männer hatten sich ihre Kameras vor den Bauch gehängt und nahezu alle trugen kurze Hosen. Sie boten einen Anblick des typischen Touristen, wie ihn kein Cartoonist besser zeichnen könnte. Laut schnatternd zerrissen sie die Stille des Waldes. Denis und ich tauschten wortlos unsere Blicke. Pasang's Gesichtsausdruck sprach Bände. Kurze Hosen sind in Nepal verpönt, denn sie symbolisieren die Kleidung des armen Mannes, der sich keine langen Hosen leisten kann. Es empfiehlt sich für Frauen und Männer gleichermaßen, auf kurze Hosen, egal wie warm es ist, zu verzichten, möchte man sich den Respekt der Nepali erhalten. Es gehört sozusagen zum guten Ton, lange Hosen zu tragen. Insbesondere von uns „reichen" Europäern wird erwartet, dass wir uns daran halten und niemanden mit dem Anblick unserer bloßen Beine belästigen.

Unser Weg führte uns durch verschiedene kleine Dörfer. Heute schien Hochbetrieb auf der Strecke zu sein. Uns begegneten unheimlich viele Träger und Yakkarawanen. Einzelne Rauchsäulen stiegen aus dem Unterholz auf. Als wir näher kamen sahen wir, wie mindestens zwanzig Träger jeden Alters sich auf mehreren kleinen Feuerstellen ihre Mahlzeit zusammen kochten. Ein kleiner Junge sprang zwischen den Köchen hin und her und brachte ihnen, was sie zum Kochen brauchten. Langsam verließen wir wieder die Baumgrenze. Der Weg wurde felsiger und karger, die Vegetation spärlicher. Uns wurde kalt. Es war mir, als wären wir mit wenigen Schritten vom Spätsommer in den Herbst gegangen. Blätter lagen auf unserem Weg und der Reif des Morgens hielt sich noch in den schattigen Plätzen. Ein gleichmäßiges, streichendes Rascheln erregte meine Aufmerksamkeit. Da war eine Bewegung im Gebüsch. Ein dunkelroter Kleiderfetzen kam zum Vorschein. Rückwärts, in gebückter Haltung gehend, fegte eine Frau Laub zusammen um es dann in ihre aus Weiden geflochtene Kiepe zu füllen. Das Laub wird als Brennstoff für den Ofen benutzt. Für einen Augenblick machten wir auf einer kleinen Wiese Rast und genossen die Aussicht auf die wunderschöne Ama Dablam. Wir hatten schon den Großteil des Weges hinter uns und wieder eine Höhe von 3800 Metern erreicht. Nach zehn Minuten setzten wir unseren Weg fort. Der Boden war modrig und sumpfig. Tief sanken die Yaks in dem Morast ein. In mitten des Weges lag ein riesiger Felsbrocken, über und über verziert mit dem Mantra *Om Mani Peme Hung* in tibetischen Schriftzeichen. Ein Trampelpfad führte uns an der linken Seite dran vorbei. Dann kamen die ersten Häuser in Sicht. Weiß getüncht lagen sie strahlend in der Sonne. Die Fenster und Türrahmen blau umrandet – Khumjung. Wir passierten die Stupa am Dorfeingang und gingen an der berühmten Everest-Bakery vorbei. Sie hat den außergewöhnlichen Ruf, die höchstgelegene Bäckerei der Welt zu sein.

Nach den Yaks erreichten wir unsere Lodge und damit war unser Zeltabenteuer offiziell beendet. Ein leichter Anflug von Wehmut überkam mich, aber die Vorfreude auf die heiße Dusche überwog. Doch erst einmal gab es Tee, noch ein letztes Mal von Dandy serviert. Auf Plastikstühlen streckten wir uns in der Sonne aus und ich ließ noch einmal alles vor meinem geistigen Auge Revue passieren. Hier hatte vor zehn Tagen unser Abenteuer mit einer mexikanischen Party begonnen. Es kam mir vor, als würden Wochen dazwischen liegen, so viel war passiert.

Denis und ich entschlossen uns, duschen zu gehen. Wir bezogen unser Zimmer. Es war dasselbe Zimmer, welches ich mir am Anfang mit Pitt und Frauke zusammen geteilt hatte. Dicke Teppiche lagen auf dem Fußboden, die Betten waren frisch bezogen und mir erschien alles immens luxuriös. Ich suchte nach ein paar sauberen Sachen zum Anziehen und machte mich auf in den frisch gesäuberten Waschraum. Ich schloss vorsichtig den Riegel der Tür und begann, mich auszuziehen. Ein runder Spiegel hing an der Wand und ich erblickte das Spiegelbild eines Menschen, den ich schon lange nicht mehr gesehen hatte. So sah ich aus? Ich erschrak, ich sah aus, als wäre ich um zehn Jahre gealtert. Noch nie hatte ich so viele Falten in meinem Gesicht gesehen. Die Haut war trocken und spannte sich wie dünnes Papier über meinen Wangenknochen. Meine Nase pellte sich in Erinnerung an einen Sonnenbrand. Mein Gesicht und Arme waren dunkelbraun und bildeten einen starken Kontrast zu meinem, im Gegensatz dazu, recht hellen Körper. Ich stellte die Temperatur der Dusche ein. Das heiße Wasser prasselte auf meinen Kopf und lief meinen Körper hinunter. Voller Wonne reckte ich die Arme dem Wasserstrahl entgegen, genoss seine Wärme und den Duft des wohlriechenden Duschgels auf meiner Haut. Ganz hingerissen von der Reinheit sammelte ich nach der Dusche meine dreckigen Kleider zusammen und wusch sie einmal kräftig durch, um sie dann auf der Steinmauer vor der Lodge in der Sonne zu trocknen.

Unsere Crew kontrollierte die Ausrüstung, säuberte sie, zählte alles durch und verstaute alles sauber gestapelt in dem dafür vorgesehenen Lagerraum. Die Zelte wurden noch einmal aufgebaut, um sie zu reinigen und an der Luft trocknen zu lassen. In drei Tagen würden die nächsten Kunden kommen und dann mußte alles in Ordnung sein. Nun gab es nichts mehr zu tun. Ich suchte mir einen windgeschützten Platz, streckte mich auf zwei Plastikstühlen in der Sonne aus und ließ meine Haare trocknen. Von weitem hörte ich das Klappern von Blechtöpfen und Zeltstangen und döste ein.

Nach dem Abendbrot versammelte sich die gesamte Crew, die uns den Trekk über begleitet hatte, im Aufenthaltsraum. Pitt hielt eine Rede, in der er ihnen im Namen von uns allen dankte. Als Zeichen unserer Wertschätzung überreichten wir ihnen einen Umschlag mit Trinkgeld, das sie sich untereinander aufteilen sollten. Dann verabschiedete sich die komplette Crew, auch unser Sirdar, da alle in Khumjung zu Hause waren und nun die Gelegenheit wahrnahmen, ihre Familien zu besuchen und wenigstens eine Nacht im eigenen Bett zu schlafen.

Auf dem Rückweg

15. Trekking-Tag von Khumjung nach Phakding

Vom Hauslärm erwachte ich. Es war viertel vor sieben. Kein Küchenjunge, der uns unseren obligatorischen Guten Morgen Tee brachte. Denis versuchte, mich verschlafen dazu zu überreden, in die Küche zu gehen und uns Tee zu holen. Chauvi! So standen wir wohl oder übel auch ohne Tee auf, packten und machten uns frühstücksfertig.

Zum Frühstück erschienen wieder alle frisch und munter in sauberen Sachen. Wir stärkten uns und starteten pünktlich. Sherpa Dandy hatte diese Nacht zu Hause geschlafen und stieß an der Ecke der Lodge zu uns. Wir setzten uns in Bewegung. Ein letztes Mal gingen wir durch Khumjung, über den Schulhof der Hillary-Schule, durch das Eingangstor Kumjungs hindurch und ließen die kleinen weißen Häuser hinter uns. Wir erklommen die Felsstufen und ich blickte noch ein Mal zurück. Wehmut überkam mich. Wir näherten uns zu schnell dem Ende der Reise. Die Stufen führten wieder durch dieses verwunschene Tal mit seinen Pinienhainen, sauber angelegten Felsstufen, umfriedeten Wegen und quer durch das Tal gewürfelten riesigen Felsbrocken, wie einem alten Märchen entsprungen. Oben auf dem Bergkamm angekommen, kamen wir wieder an diesem wunderhübschen weiß getünchten Tschörten vorbei, der sich im gleißenden Licht der kräftigen Morgensonne mit seiner goldenen Krone strahlend vor dem azurblauen Himmel abhob. Gebetsfahnen und Kataks waren in die umliegenden Bäume gehängt worden und schmückten diesen einzigartigen Ort des Friedens. Träger und Wandervolk der umliegenden Dörfer nutzten diesen freundlichen Ort zur Rast für ein Schwätzchen. Es wurde gelacht und erzählt. Die schweren Körbe ruhten derweil auf den eigens dafür errichteten Steinbänken.

Auf dem Weg nach Namche erstreckte sich zu unserer Linken das stillgelegte Rollfeld des alten Flughafens, auf dem nur noch die Krähen landeten und Dzobkyos friedlich grasten. Schon konnten wir Namche von oben erkennen wie es sich hufeisenförmig an den Berg schmiegte. An unserem Weg thronte eine große weiße Stupa und bewachte mit ihren allsehenden Augen das Geschehen. Auf einem steilen, eng gewundenen Pfad schlängelten wir uns hinunter ins Dorf. In den schmalen kleinen Gassen von Namche lag ein 'Touri-Laden' neben dem nächsten mit Ketten aus Perlen und Türkisen, Trekking-Artikeln, Aufnähern und T-Shirts, die verkündeten, man hätte den Kala Pattar oder den Island Peak erklommen, Edelsteine, Wollmützen und handgestrickte Socken und Pullover. Denis war begeistert und erstand unmittelbar vier Pudelmützen aus echter Yakwolle, mit wilden Mustern in verschiedenen Farben. Langsam wurden unsere Sherpas ungeduldig. Sie fragten uns, ob wir noch den traditionellen tibetischen Markt sehen wollten. Begeistert stimmten wir zu. Wir folgten ihnen durch das Gewühle und erreichten einen freien Platz. Es war ein deprimierendes Bild, das sich uns dort bot. Unsere romantische Vorstellung von einem traditionellen Markt wurde jäh zerstört durch den Anblick ärmlicher Zelte aus Plastikplanen und Tüten, davor sich auftürmende Berge aus Kleidungstücken, Decken und Schuhe, in immer den gleichen Mustern, Formen und Farben. Jeder verkaufte genau dieselben Dinge, die auch schon sein Nachbar verkaufte. Träge saßen die Tibeter vor ihren provisorischen Zelten, verscheuchten die Fliegen, schliefen, unterhielten sich oder feilschten um die angebotene Wahre. Ich war schockiert. Feuerholz, Kochgelegenheit und ihre spärlichen Habseligkeiten waren in die Plastiktütenzelte hineingestopft. Sie sahen trotz ihrer Ärmlichkeit stolz aus. Ein junger, kräftiger Tibeter mit markanten Gesichtszügen trat von der Seite an mich heran. Er zog seine Amulettbeutel aus seinem Hemd heraus, die an einer Kordel um seinen Hals befestigt waren und bot sie mir zum Kauf an. Ich war schockiert, denn dies war, als würde er mir seine Seele zum Kauf anbieten. Ich lehnte ab, drehte mich um und drängte die anderen zum Gehen. Endlich verließen wir diesen Ort. Plastikmüll stapelte sich in alle Himmelsrichtungen. Es war ein elendiger Anblick.

Ein Rinnsal lief über den Weg und mündete in den großen Betonwaschzubern des Ortes. Hier war reges Treiben. Trekker wuschen ihre verschwitzte Kleidung und sich direkt mit, Kinder planschten im Seifenwasser und eine Nonne tunkte ihre rote Wäsche in das trübe Wasser. Das Waschwasser lief auf der anderen Seite der Zuber direkt wieder in den Fluß. Wir verließen Namche Bazar. Ich fühlte mich traurig und betroffen.

Wir gingen den ganzen steilen Weg, den wir zu Beginn unserer Reise gekommen waren, wieder hinunter. Diesmal war nicht so viel Verkehr und wir waren fast die einzigen Trekker auf dem Abschnitt. Nur vereinzelt begegneten uns ein paar Träger. Kiefernwald umfing uns und hüllte uns in seinem erfrischend würzigen Duft ein. Wald, Bäume, Wasser, Grün, so schön es wieder zu sehen! Die Sonne wärmte uns und bald lief schon wieder jeder von uns im T-Shirt herum. Wieder überquerten wir die berühmte Hillary-Hängebrücke. Unter uns tobte der Dudh Kosi mit seinem milchig türkisfarbenen Wasser. Die Einheimischen besänftigen alle gefährlichen Dinge durch das Behängen mit Gebetsfahnen und Kataks, den weißen Gebetsschals. So werden z. B. auch Felsbrocken, die bedrohlich nahe am Abgrund stehen, mit Gebetsfahnen und Mani-Mantras geschmückt. In jeder Fahne in jeder Silbe schwingt ein guter Wunsch zum Wohle aller Wesen.

Wir durchquerten auf unserem Weg verschiedene kleine Dörfer. Hühner liefen vor uns her, rotznasige kleine Kinder spielten im Matsch oder wurden von ihren etwas größeren Geschwistern umher getragen. Träger hatten ihre Last auf Bänken abgestellt und verströmten einen Geruch nach Schweiß und ranzigem Fett.

Um die Mittagszeit erreichten wir Monzu. Noch gut zwei Stunden Weg lagen vor uns. Wir gingen vorbei an den sauber angelegten Gemüseparzellen und ein sehr steiles glitschiges Wegstück hinauf zum Ausgang des Sagarmatha-National-Parks. Wieder wurden unsere Papiere geprüft. Auf einmal stieß Sherpa Dilli wieder zu unserer Gruppe. Mit erfreuten Rufen begrüßten wir ihn. Er hatte wohl noch ein bißchen bei seiner Frau bleiben wollen und seinem neugeborenen Baby. Er hatte sich beeilt, um doch noch zu uns zu stoßen. Gemeinsam setzten wir unseren Weg fort. Es ging den gleichen Weg wieder zurück, vorbei an frischen Wasserfällen, grünen Feldern, kleinen Hängebrücken über gurgelnde, eiskalte Bäche und kleinen, verschlafenen Dörfchen.

Dann kam Phakding in Sicht, mit seiner kleinen Lodge direkt am Flussufer. Die Sonne schien noch immer heiß vom wolkenlosen Himmel. Müde, entspannt und glücklich ließen wir uns auf den Stufen in der Sonne nieder. Danach bezogen wir in aller Gemütlichkeit unsere Zimmer.

Ich genoss die Friedlichkeit des Nachmittages in der Sonne unten am Fluss. Sein Rauschen trug meine Gedanken fort.

Die letzte Nacht in den Bergen

16. Trekking-Tag
von Phakding nach Lukla

Träge tauchte ich aus meinen Träumen hervor. Das Rauschen des Flusses war bis in unser Zimmer zu hören. Helligkeit drang durch meine Augenlieder. Es war hell! Wie lange wohl schon? Ich drehte mich zur Seite. Denis war in seinem Schlafsack nicht mehr zu erkennen, so tief hatte er sich in ihm eingegraben. Ich rief ihn und er brauchte einige Zeit, bis er sich träge bewegte, unverständliches südafrikanisches Zeug brummelnd. Ich bat ihn, mal auf seine Uhr zu schauen. Ruckartig setzte er sich auf. Halb acht! Wir hatten verschlafen. Draußen hörten wir geschäftiges hin und her laufen. Es klopfte jemand an die Tür: "Good Morning, breakfast ready!" In Windeseile zogen wir uns an, putzten uns während des Packens die Zähne und waren innerhalb von fünf Minuten startklar. Ich trat als erste auf die Veranda unseres Zimmers, um schon mal meinen gepackten Rucksack hinauszulegen. Als wir beim Frühstück ankamen, hatten die anderen gerade erst begonnen Tee und Kaffee zu bestellen. Nach einem reichhaltigen Frühstück ließen wir unsere Wasserflaschen noch mal mit heißem Wasser füllen, schulterten unsere Rucksäcke, und unsere letzte Etappe begann.

Die Sonne wärmte schon und schnell verschwanden unsere Jacken und Fleecepullis im Rucksack. Über eine Hängebrücke überquerten wir den Fluss, um auf den Weg zu gelangen, der sich auf der anderen Seite des Tales den Berg entlang wand. Feucht war es und ohne die Sonne immer noch ein wenig kühl. Die hellgrünen Stengel des Bambus stachen überall am Wegesrand hervor.

Die Steine waren mit dichtem Moos bewachsen und der Weg morastig. Träger in Badeschläppchen zwängten sich an uns vorbei. Der Steinmetz, dem wir vor mehr als zwei Wochen auf seinem Behelfsgerüst sitzend bei der Arbeit zuschauen konnten, hatte sein Werk vollendet.

Die Sonne brannte mittlerweile mit einer tropischen Heftigkeit auf uns hernieder. Schweiß stand uns auf der Stirn und durchnäßte unsere T-Shirts. An einem einladend plätschernden Brunnen machten wir eine kurze Rast. Rote Geranien standen in Blechbüxen eingepflanzt auf den Fensterbänken der Häuser und gaben dem Dorf eine leicht bayrisch-alpine Note. Sherpa Dilli erfrischte sich kurz in dem Brunnen und schon ging es weiter. Wir hatten heute ein ziemlich straffes Tempo drauf. Wir fühlten uns stark und unsere Muskulatur wurde endlich wieder ausreichend mit Sauerstoff versorgt. Tiger-Feeling. Propellergeräusche zerrissen die Stille. Nicht mehr weit entfernt war unser Ziel: das Rollfeld von Lukla. Je mehr wir uns Lukla näherten, nahm auch das Verkehrsaufkommen der Trekker zu. Weißgesichtige Menschen in sauberen Bergstiefeln und rosaroten T-Shirts, mit Kameras vor dem Bauch und Waschmittelduft kamen uns entgegen. Laut schnatternd und völlig euphorisch. Doch sie liefen mit Scheuklappen durch die Gegend, dauernd plappernd und laut rufend. Keiner unserer Grüße wurde erwidert. Sie liefen an uns vorbei, als nähmen sie nichts und niemanden außer sich und ihrer Wandergruppe wahr. Wir waren sonderbar berührt. Hatten wir doch oben in den Bergen die Gemeinschaft unter den Trekkern, Achtsamkeit, Respekt und Sensibilität anderen Menschen, der Stille, der Natur und den darin enthaltenen Wesen gegenüber schätzen gelernt, ohne Ausnahme, egal welcher Nationalität und Religionszugehörigkeit.

Langsam erreichten wir Lukla. Uns umfing geschäftiges Treiben auf der Hauptstraße. Frische Trekker, neugierig und etwas verwirrt dreinblickend und Trekker, die gerade aus den Bergen zurückkamen, dreckig, mit ein paar Falten mehr im braungebrannten Gesicht, schlenderten zwischen den Dorfbewohnern umher, die ihrer alltäglichen Arbeit nach gingen. Träger wuselten herum, die gerade ihre Ware aus den Bergen ablieferten und sich im Anschluss daran direkt nach neuer Ware umsahen, die sie mit den neu ankommenden Trekkern aufnahmen. Etwas Abseits der Straße hockten Träger laut lamentierend auf dem Boden zusammen. Sie hatten ihren Lohn bekommen und zählten ihn nun. Hühner liefen zwischen ihnen hindurch, pickten und scharrten im Staub nach etwas Eßbarem. Ein Trekking-Laden reihte sich an den nächsten. Man bekam hier alles, konnte sich praktisch komplett ausrüsten. Ein blechernes Schild über einem Hauseingang forderte Trekker auf, Kleidung die nicht mehr benötigt werde, in die Kleiderkammer zu spenden, damit sich bedürftige und schlecht ausgerüstete Träger und Sherpas für ihre Touren in die Berge ausstatten können.

Kurz vor dem Rollfeld, das durch einen Maschendrahtzaun gesichert war, lag unsere Lodge, die wir für diese allerletzte Nacht in den Bergen beziehen würden. Wir traten aus dem gleißenden Sonnenlicht hinein in eine dunkle Kühle. Vorsichtig tastend erklommen wir die hölzernen Stufen der Lodge. Die Stiege knarrte bei jedem Schritt. Der untere Teil des Gebäudes diente als Lagerraum, darüber lagen die Zimmer entlang eines schmalen Ganges, nur durch eine dünne Spanplattenwand voneinander abgetrennt. Die Toilette befand sich auf dem Gang, ebenso das Waschbecken, spärlich beleuchtet durch eine Wachskerze. Nach einer kurzen Siesta machte ich einen Spaziergang durch Lukla.

Ein verlauster Hund schlief in der Sonne. Seine Pfoten zuckten und er fletschte seine Zähne im Schlaf. Etwas weiter lag eine blutige halbe Kuh auf der Straße, notdürftig auf einer nicht ganz sauberen Plastikplane abgelegt. Die Sonne beschien das rote Fleisch und Fliegen hatten sich schon häuslich darauf eingerichtet. Jugendliche saßen auf kleinen Schemeln vor einem Laden, der Pudelmützen in allen erdenklichen Farben und Mustern aus Yakwolle anbot, genau dieselben Mützen, wie wir sie auch schon in Namche Bazar gesehen hatten und die ich auch später noch an jeder Ecke in Kathmandu zu weit aus höheren Preisen sehen sollte.

Eine Henne kam mir aus einer Holzbaracke entgegen gelaufen, deren Küchentür offen stand. Im dunklen Schummerlicht der Hütte sah ich, wie ein Sonnenstrahl durch ein Fenster fiel und Staub in der Luft flirrte. Kein Mensch war zu sehen, nur die typische rote Thermoskanne mit chinesischem Blumenmuster stand alleine auf einer Bank. Eine alte Frau in tibetischer Tracht kam mir entgegen. Sie war reich geschmückt mit Türkisen, ihr Gesicht vom Alter gezeichnet, ausdrucksstark und stolz, auf eine ganz besondere Weise schön. Ich konnte ihr ganzes Leben in ihrem Gesicht wieder finden und das ließ mich große Ehrfurcht vor dem Alter empfinden.

Eine Gruppe von Jungen und Mädchen tanzten volkstümliche Tänze zu der Musik eines Gitarristen und Quetschkommodenspielers. Trekker, Träger und Dorfbewohner drängten sich um die Tänzer. Die Musik und das Bild der Tänzer vermischte sich mit den vielen unterschiedlichen Gesichtern und den Gerüchen der Menschen vor dem Hintergrund der Berge im Schein des schwindenden Lichtes. Dies alles verschmolz in meinem Herzen zu dem Bild von Nepal, wie ich es in Erinnerung behalte, in all seinen Farben, Facetten, Formen und Gerüchen.

Die letzten Zuschauer verschwanden. Die Bänke, auf denen die Musiker gesessen hatten, waren leer.

Der Mond war aufgegangen und mit ihm der erste Stern. Die Küchentür der Lodge stand auf, ein Lichtkegel fiel auf das Pflaster der Straße, der schwarze Schatten des Kochs huschte emsig hin und her. Dann wurde die Tür geschlossen. Die Vorstellung war beendet. Stille kehrte ein.

Rückflug

17. Trekking-Tag von Lukla nach Kathmandu

Am nächsten Morgen gesellten wir uns nach einem letzten gemeinsamen Frühstück zu den hunderten von Trekkern, die alle auf ihre Maschinen nach Kathmandu warteten. Wir zitterten vor Kälte. Es fegte ein eisiger Wind über das Rollfeld und wir traten ungeduldig von einem Fuß auf den anderen. Eine Sirene ertönte, ein Raunen ging durch die Menge. Abenteuerlich und mit atemberaubender Geschwindigkeit, setzte unsere Maschine sicher auf. Noch ein letztes herzliches Händeschütteln unseres Sirdars und dann bestiegen wir die Maschine. Sie beschleunigte und bevor das jäh in die Tiefe stürzende Ende des Rollfeldes erreicht war, schwebten wir schon sicher in der Luft. Vorbei an grünen Tälern nahmen wir Abschied von den weißen Bergriesen, die uns schon so fern erschienen, obwohl wir ihnen bis vor ein paar Tagen so nahe gekommen waren.

Jetzt sitze ich wieder in Kathmandu auf der Dachtherasse desselben Cafés, in dem Denis und ich unser erstes Gespräch hatten. Vor mir sitzt wieder dieser häßliche, schwarze, zerrupfte Vogel, der so schön singen kann. Das Hupen der Autos tönt zu mir herauf. So häßlich ist der Vogel gar nicht. Gelbe Augen hat er. Er wird nur so häßlich und zerrupft, wenn er vor Erregung über einen gesichteten Kuchenkrümel seine Haube aufstellt. Ich trinke gerade Lemon-Tea und die Sonne, die so schön meinen Rücken beschienen hatte verschwindet langsam hinter den Häusern.

Nachwort

Die Menschen des Himalayas sind ein starkes Volk. Ich bewundere ihre Zähigkeit und ihren Mut, in dieser Natur zu leben. Sie sind tief berührend und man findet in Ihren Gesichtern die Landschaft wieder, in der sie leben. Ich mußte mit Erstaunen feststellen, dass ich selten solch friedliche, leuchtend schöne Gesichter wie ihre gesehen habe.

Leider ist dieser Lebensraum gefährdet und der Trekking-Tourismus ist nicht ganz unschuldig an der Entwicklung. Der Müll in den National Parks häuft sich und mit Kerosin kocht noch lange nicht jeder. Aber es gibt Hoffnung. Projekte wurden ins Leben gerufen und engagierte Menschen aus aller Welt versuchen ihren persönlichen Beitrag zum Erhalt dieses Lebensraumes zu leisten. Jeder kann seinen Teil dazu beitragen, indem er sich verantwortungsvoll den Gegebenheiten anpasst, Ressourcen schont, wo immer es möglich ist und der Kultur respektvoll entgegen tritt. Der Fortschritt lässt sich nicht aufhalten und Kulturen nicht konservieren, aber das natürliche Gleichgewicht kann erhalten bleiben oder wieder gewonnen werden, für alle Lebewesen, die mit diesem Lebensraum verbunden sind. Es liegt in unser aller Verantwortung, die dieses Land bereisten und noch bereisen werden, es zu erhalten und zu schonen. Auch Sie können Ihren Beitrag zu einem sanften Trekking leisten: Gehen Sie verantwortungsvoll mit Wasser um. Verunreinigen Sie keine Flüsse oder Seen und nehmen Sie Ihren Müll wieder mit nach unten. Achten Sie darauf, wie Ihr Duschwasser erhitzt wird und bevorzugen Sie solaraufgeheiztes Wasser (schwarzer Kanister auf dem Dach). Seien Sie sensibel für Sitten und Gebräuche und verhalten Sie sich respektvoll.

Ein paar Worte zur Vorbereitung

Es ist prinzipiell günstig, sich eine gute Kondition anzutrainieren. Bereiten Sie sich vor, indem Sie ein regelmäßiges Konditions-Training vorzugsweise in laufenden Sportarten absolvieren, wie z.B. Joggen, Nordic-Walking oder auch lange Wanderungen. Sie sollten damit spätestens 3 Monate vor Abreise beginnen und 3 x pro Woche eine halbe bis eine Stunde im Ausdauerbereich trainieren. Lassen Sie sich vor Aufnahme des Trainings und bevor Sie sich auf eine Trekking-Reise begeben, grundsätzlich von Ihrem Hausarzt durchchecken, um etwaige Risiken, z. B. Herz-Kreislauf-Erkrankungen auszuschließen. Sagen Sie Ihrem Arzt, was Sie vorhaben und wie hoch sie trekken werden. Er wird sie beraten.

Höhe

Auf die Höhe kann man sich auch mit dem besten Ausdauertraining nicht vorbereiten. Diese Akklimatisierung findet nur in den Bergen statt. Der Körper bildet nach und nach mehr Blut, um sich besser zu versorgen und das Sauerstoffdefizit auszugleichen. Dieser Vorgang braucht Zeit und findet vornehmlich nachts statt. Man sollte ab Namche pro Tag nicht mehr als 200-300 Höhenmeter zur nächsten Schlafhöhe steigen. Bitte achten Sie dabei insbesondere auf Ihre persönliche Konstitution. Selbst 100 Höhenmeter können manchmal schon dramatische Auswirkungen auf den Organismus haben. Passüberquerungen oder kurzzeitige Steigungen in höher gelegene Wegabschnitte sind unbedenklich und fördern die Akklimatisierung (Höhenreiz), solange sie zum Schlafen wieder auf die empfohlene Höhe absteigen. Trinken Sie mindestens 5 Liter pro Tag! Das erleichtert Ihrem Körper die Anpassung und Sie gleichen das entstandende Flüssigkeitsdefizit kontinuierlich aus. Achten Sie an jedem Morgen auf Ihre Befindlichkeit und schieben Sie ruhig auch mal einen Ruhetag ein, wenn Sie sich nicht gut fühlen. Aus eigener Erfahrung würde ich ein bis zwei Ruhetage jeweils in Namche (alternativ Khumjung) und in Gokyo empfehlen. Prinzipiell sollte man wissen, dass jeder Mensch anders auf Höhe reagiert. Die Höhenkrankheit kann ab 2.500 Metern einsetzen und sie kann wirklich jeden treffen, unabhängig von Alter, Kondition und Konstitution. Wenn es Sie erwischen sollte, steigen Sie unverzüglich ab, mindestens bis zu der Höhe, auf der sie zuletzt beschwerdefrei geschlafen haben. Meistens verbessert sich der Zustand dann schlagartig. Wenn nicht, weiter absteigen!

Symptome einer Höhenkrankheit sind: Starke Kopfschmerzen, Übelkeit, Erbrechen, Verwirrtheit, Appetitlosigkeit, Orientierungs- und Gleichgewichtsstörungen, Sprachstörungen, verminderte bis eingestellte Harnausscheidung, Benommenheit bis Bewusstlosigkeit. Wenn die Lunge befallen ist: Trockener Husten, rasselnde Geräusche in der Lunge beim Atmen, Atemnot. Achtung: Dann besteht akute Erstickungsgefahr!!! Sofortiger Abstieg! Wenn ein Abstieg aus eigener Kraft nicht möglich ist, Evakuierung auf einer Trage oder Tragekorb (Oberkörper erhöht lagern!). Hospitäler befinden sich in Kunde (Hillary Hospital) und in Pheriche.

Die Höhenkrankheit ist lebensbedrohlich und kann zum Tod führen. Darum, handeln Sie sofort! Abstieg ist das wirkungsvollste Mittel. Lassen Sie einen Höhenkranken niemals alleine absteigen. Begleiten Sie ihn. Menschen mit Höhenkrankheit sind oft verwirrt, können Situationen nicht mehr richtig einschätzen und haben manchmal einen geschwächten Überlebenswillen. Darum achten Sie auf Ihre Mitreisenden, lassen Sie einen Höhenkranken niemals alleine und sorgen Sie für die notwendigen Maßnahmen.

Kleidung

Achten Sie auf leichte, atmungsaktive, schnell trocknende und warme Kleidung. Die Temperatur-Unterschiede sind teilweise beträchtlich. Die Sonne kann sehr warm sein und im Schatten herrschen Minusgrade. Verzichten Sie auf das gute alte Baumwoll-T-Shirt, bevorzugen Sie Sportfunktionskleidung. Sie hat den Vorteil, dass sie auch noch im verschwitzten Zustand wärmt, während das Baumwoll-T-Shirt kalt an der Haut klebt. Das Letzte, was Sie in den Bergen brauchen, ist eine Erkältung oder verkühlte Nieren. Kleiden Sie sich im Zwiebelprinzip mit Sport-Funktions-Unterwäsche, Sport-T-Shirt und Fleece. So ist der Feuchtigkeitstransport nach außen gegeben. Eine leichte, zusammenfaltbare, warme Daunenjacke hilft Ihnen auch in besonders kalten Zeiten. Besorgen Sie sich außerdem spezielle Trekking-Socken. Das eingearbeitete Fußteil schützt vor Blasen und polstert den Fuß für ein komfortableres Gehen. Feste Wanderschuhe sind ein Muss! Die Schuhe sollten Sie im Fachhandel besorgen und schon gründlich eingelaufen haben. Hosen sollten lang und aus atmungsaktivem, schnell trocknendem und strapazierfähigem Stoff sein. Knie und Hosenboden möglichst verstärkt. Kurze Hosen werden in Nepal nicht gerne gesehen. Darum verzichten Sie besser darauf, auch wenn es noch so warm ist. Die kurzen Hosen gelten bei den Nepalis als die Kleider des wirklich armen Mannes, man kann in Ungnade fallen und ihren Respekt verlieren, wenn man diese kleine Regel missachtet. Auch Frauen sollten Schultern und Beine grundsätzlich bedeckt halten. Übrigens, sollten Sie an eine heiße Quelle kommen und baden gehen wollen, beachten Sie, dass

Frauen grundsätzlich voll bekleidet baden! Ein Sariwickeltuch leistet hier gute Dienste.

Gesundheit

Mit ein paar einfachen Regeln kommt man relativ gesund durch den Urlaub. Trinken Sie Wasser grundsätzlich nur abgekocht oder aus abgepackten Wasserflaschen mit unbeschädigtem Verschluss (auf Haltbarkeitsdatum achten). Das gilt auch fürs Zähneputzen. Bevorzugen Sie gut durchgekochte Speisen, wie Gemüse Currys oder das traditionelle Dal Bath, da evtl. vorhandene Keime durch das lange Kochen abgetötet werden. Verzichten Sie auf Fleisch! Wenn es Ihnen schwer fallen sollte, schauen Sie sich mal an, wie das Fleisch auf der Straße über Tage in der Sonne herumliegt und es sich ganze Familien von Fliegen darauf gemütlich gemacht haben.

Manchmal erwischt einen eine Erkältung. Hier helfen Salben und Kapseln mit ätherischen Ölen zum Einreiben und Inhalieren (Tigerbalsam, Japanisches Heilpflanzenöl oder Bronchoforton), Kapseln zum Schleimlösen mit Wirkstoffen aus Eukalyptusöl (Gelomyrthol) oder mit Thymian-Extrakten aus der Drogerie. Fragen Sie außerdem zur Sicherheit Ihren Hausarzt nach einem Breitband-Antibiotikum und lassen Sie sich erklären, wann und wie Sie es anwenden sollen.

Es versteht sich von selbst, dass Sie alle Medikamente Ihres täglichen Bedarfs stets griffbereit in Ihrem Tagesrucksack mitführen sollten. Wenn Sie regelmäßig Medikamente nehmen müssen, legen Sie eine Einnahmeanweisung bei, damit Ihnen im Falle einer Krankheit ein Mitreisender oder auch ein Arzt weiterhin die Medikamente in der richtigen Dosierung geben kann.

Aspirin und Paracetamol helfen gegen gelegentliche Kopfschmerzen. Bevorzugen Sie Paracetamol, da es mit Aspirin bei einer evtl. medizinisch notwendigen Gabe von Diamox (im Falle einer akuten Höhenkrankheit) zu Wechselwirkungen kommen kann.

Besorgen Sie sich auch eine kleine Erste-Hilfe-Tasche. Die gibt es in jeder Apotheke. Manchmal lohnt es sich, sie doch mitgenommen zu haben. Rüsten Sie sie noch durch besondere Blasenpflaster in verschiedenen Größen auf.

Hier eine minimale Ausstattung Ihrer Reiseapotheke: Mullbinden, Tape, Druckverband, Elastik-Binde, Heft- und Blasenpflaster, Wundsalbe, Jod, Salbe gegen Schwellungen und Verstauchungen, Schmerz-, Fieber- und Grippemittel, Antibiotika, Durchfallmittel.

Ein guter Sonnenschutz gehört griffbereit in den Tagesrucksack. Orientieren Sie sich an den Lichtschutzfaktoren, die auch zum Skifahren empfohlen werden. Im Zweifelsfall lieber zu einem höheren Schutz greifen. Lassen Sie sich von Fachpersonal beraten.

Und noch mal der Hinweis: Lassen Sie sich vor Antritt der Reise grundsätzlich von Ihrem Hausarzt durchchecken und von einer tropenmedizinischen Beratungsstelle/einem Tropenmediziner/Reisemediziner beraten.

Impfschutz

Der Gesundheitsdienst des Auswärtigen Amtes empfiehlt einen Impfschutz gegen: Tetanus, Diphtherie, Polio und Hepatitis A. Bei Langzeitaufenthalt über vier Wochen auch: Hepatitis B, Japanische Enzephalitis, Tollwut, Typhus, Grippe und Masern (für Empfängliche ohne sicheren Impfschutz). Lassen Sie sich bei einer tropenmedizinischen Beratungsstelle/einem Tropenmediziner/Reisemediziner beraten.

Visum
Laut Auswärtiges Amt benötigen Sie aktuell für die Einreise einen gültigen Reisepass und ein Visum. Das Visum kann bei der nepalesischen Botschaft in Berlin sowie bei den nepalesischen Honorarkonsuln in Frankfurt, Hamburg, Köln, München und Stuttgart beantragt werden. Die Gebühr für ein 60 Tage gültiges Touristenvisum beträgt 30 USD.

Einreisebestimmungen können sich allerdings immer wieder kurzfristig ändern, auch ohne dass das Auswärtige Amt darüber in Kenntnis gesetzt wird. Darum vergewissern Sie sich direkt bei der Botschaft über die aktuell gültigen Einreisebestimmungen.

Politische Lage
Nepals politische Lage wandelt sich dauernd. Sichere Angaben können hier nicht gemacht werden. Die aktuellen Hinweise bekommen Sie über das Auswärtige Amt und bei der Botschaft Nepals, beachten Sie zu Ihrer eigenen Sicherheit unbedingt die Warnhinweise!

Links die weiterhelfen

Seite des Auswärtigen Amtes. Erste wissenswerte Informationen rund um das Land Nepal. Aktuelle Reise- und Sicherheitshinweise:
www.auswaertiges-amt.de

Seite der Nepalesischen Botschaft in Berlin:
www.nepalembassy-germany.com

Seite der Deutschen Botschaft in Nepal:
www.kathmandu.diplo.de

Seite der Berg- und Expeditionsmedizin
Sehr umfangreiche Informationen zu Akklimatisierung und Höhenkrankheiten. Unbedingt lesen!!!!
www.bexmed.de/Information/index.html

Seite des Tropeninstitut München, mit weltweiten Gesundheitsinformationen:
www.fit-for-travel.de

Centrum für Reisemedizin:
www.crm.de

Absolut empfehlenswert ist diese Seite:
Nepal für Traveller
Sehr aktuelle Informationen und Tipps für Nepal-Reisen mit Packlisten, vielen Insider-Infos und einer guten Austauschplattform für Trekker und alle, die es werden wollen:
www.nepalboard.de

Literatur

Kauderwelsch
Nepali, Wort für Wort
Reise Know-How Verlag

Nepal. Richtig reisen
Reise-Handbuch
DuMont Reiseverlag

Nepal
von Bernhard Rudolf Banzhaf, Bruno Baumann
Bruckmann Verlag

Auf den Spuren meines Vaters
Die Sherpas und der Everest
von Jamling Tenzing Norgay
Diana-Verlag

Buddhismus
Lehren · Praxis · Meditation
Fred von Allmen
Theseus-Verlag

Hilfsprojekte im Himalaya

Kailash e.V.

Verein zur Förderung von Bildungs- und Selbsthilfeprojekten im Himalaya

Der Verein hat es sich zur Aufgabe gemacht, den von sich rapide verändernden Lebensbedingungen betroffenen Gebieten im Himalaya partnerschaftliche Hilfestellung zu geben und ist gemeinnützig anerkannt.

Der Verein engagiert sich in den Bereichen

- Bildungsförderung
- Erhalt der Sprache, Kultur und Religion
- Gesundheitspflege
- Umweltschutz, Ökologie
- Landschaftspflege
- Entwicklungshilfe

Informationen und Kontakt:

Kailash e.V.
Magdalenenstr. 17 · D-64289 Darmstadt
E-Mail: kontakt@kailash-ev.org
Web: www.kailash-ev.org

Aus tiefstem Herzen...

danke ich Karsten Volkmer, der mir Mut machte, dieses Buch heraus zu geben, der mit Hingabe, kritischem Blick und großer Geduld das gesamte Manuskript korrigierte, hilfreiche Formulierungsvorschläge anbrachte, mich mit Essen, Tee und viel Liebe umsorgte und immer ein offenes Ohr für mich hat.

In Liebe, Deine.

Glossar

Abt: Vorsteher eines Klosters.

Bardo: siehe „Zwischenzustand"

Bodhisattva: Ein Helfer der Wesen, der sich entschlossen hat, allen anderen zur Erleuchtung zu verhelfen.

Bön: Vorbuddhistische Ur-Religion

Buddha: Der Erleuchtete

Chö-lung: Ritueller Grab-Schrein

Chora: Siehe „Umschreitung"

Dharma: Die Lehre Buddhas

Dharma-Schützer: Die Dharmaschützer schützen die Lehre, damit sie nicht verwässert und die Überlieferung gestört oder verfälscht wird. Die Schützer können Emanationen von Buddhas oder Bodhisattvas sein oder aber Geister, Götter und Dämonen, die von einem großen spirituellen Meister, z. B. Guru Rinpoche, unterworfen und mit einem Eid gebunden wurden.

Gompa: tibetisches Heiligtum, Kloster

Guru Rinpoche: siehe „ Padmasambhava "

Karma: Nach dem buddhistischen Gesetz von Ursache und Wirkung bestimmen heilsame und nichtheilsame

Handlungen unser jetziges Leben und beeinflussen auch die künftigen.

Mala: Buddhistische Gebetskette mit einhundert und acht Perlen.

Mantra: Aneinanderreihung von Silben mit speziellem religiösen Inhalt z.B. zur Anrufung einer Buddhaform, die gebetsähnlich immer und immer wieder rezitiert werden.

Milarepa: (1040-1123) Tibets großer Yogi und Poet, dessen Lebensgeschichte und spirituelle Lieder zu den beliebtesten Werken im tibetischen Buddhismus gehören.

Nirvana: Der Zustand jenseits des Leidens. Die Vorstellung von Nirvana ist in den verschiedenen Traditionen des Buddhismus unterschiedlich.

Padmasambhava: Auch Guru Rinpoche genannt. Er verbreitete die buddhistische Lehre des Vajrayana in Tibet und verbarg zahllose spirituelle Schätze zum Wohl zukünftiger Generationen. Er sagte voraus, dass Tibet schweren Zeiten entgegengeht und die Tibeter ihr Land verlassen werden.

Puja: Eine festliche Form eines tibetischen Meditations-Rituals, auf Basis eines tibetischen Textes, der gesungen rezitiert wird.

Shakyamuni: Der Buddha unserer Zeit, der im 5. Jh. v. Chr. Lebte

Sirdar: Verantwortlicher Trekk-Leiter/Führer

Stupa: Bedeutet übersetzt „Stütze für Opferungen". Sie ist die symbolische Repräsentation von Buddhas Geist. Die Stupa ist das für den Buddhismus typischste Bauwerk; er hat meist eine quadratische Basis, einen runden mittleren und einen langen konischen oberen Teil mit Sonne und Mond auf der Sitze. Stupas enthalten häufig die Reliquien erleuchteter Wesen. Ihre Größe reicht von winzigen Tonformen bis zu den riesigen Stupas von Borobodur in Indonesien oder Bodhnath in Nepal.

Tschörten: Tibetische Sonderform der Stupa

Tara: Die schnelle Befreierin/Beschützerin, weiblicher Bodhisattva. Der Überlieferung nach aus einer Träne Tschenresigs geboren, um mitzuhelfen, alle Wesen aus dem Leid des Samsaras zu befreien.

Thanka: Tibetisches Rollbild mit Abbildungen von Buddhas, Bodhisattvas und Mandalas. Sie dienen als Mediationshilfe, oft allerdings mittlerweile auch als Deko.

Tsa-tsa: Ein kleiner Stupa, Buddha oder eine andere Figur aus Ton oder Lehm, die mit einer Guss- oder Pressform hergestellt wird.

Tschenresig: Auch bekannt unter dem Namen Avalokiteshvara, die Buddhaform des Mitgefühls. Der Dalai Lama gilt als eine Inkarnation Tschenresigs.

Yogi: Ein Praktizierender der Yogas (geistige Übungen)

Zwischenzustand: Auch „Bardo" genannt. Ausdruck, der für die verschiedenen Stadien der Erfahrung zwischen Tod und Wiedergeburt benutzt wird. Allerdings sind damit auch alle anderen Zustände zwischen zwei Ereignissen bezeichnet wie z.B.: zwischen Leben und Sterben (Bardo des Lebens), Schlafen und Wachen (Bardo des Schlafes).